Ursula Sumn

VEGETARISCHE TRENNKOST-KÜCHE

FALKEN
TaschenBuch

Von derselben Autorin ist im FALKEN TaschenBuch bereits erschienen:
Schlank durch Trennkost (60302)
Kleiner Trennkostführer (60412)
Erfahrungen mit Trennkost (60231)
Trennkost (60023)

Der Text dieses Buches entspricht den Regeln der neuen deutschen Rechtschreibung.

Dieses Buch wurde auf chlorfrei gebleichtem und säurefreiem Papier gedruckt.

Originalausgabe
ISBN 3 635 60384 8

Umschlaggestaltung: Zembsch' Werkstatt, München
Layout: Kommunikationsdesign dingendorf • posselt, Wiesbaden
Redaktion: Caroline Hartge, Garbsen/Susanne Janschitz
Herstellung: Torsten Hellbusch
Titelbild: FALKEN Archiv/R. Schmitz
Zeichnungen: FALKEN Archiv/Ute Dreyspring
Satz: Raasch & Partner GmbH, Neu-Isenburg
Druck: Wiesbadener Graphische Betriebe GmbH, Wiesbaden

817 2635 4453 6271

Inhalt

Vorwort

Sich fleischlos zu ernähren bedeutet für viele, auf Genuss und ein Stück Lebenskraft zu verzichten. Dass dies nicht der Fall ist, möchte ich allen Skeptikern mit diesem Buch beweisen. Denn wer erst einmal auf den fleischlosen Geschmack gekommen ist, der schwärmt von leckeren Cremesüppchen, Spagetti mit Sahnesauce, Gemüseaufläufen mit Käsekruste oder von pikant gefüllten Omeletts. Darum heißt hier die Devise: Durch Schlemmen und Genießen ohne Fleisch gewinnt der Mensch zusätzlich an Lebensenergien. Warum dies so ist, ist leicht zu erklären: Fleisch ist schwer verdaulich und wenn es zudem schlecht gekaut wird, kann es schnell zu einem übersäuerten Magen und Verdauungsstörungen kommen.

Außerdem hat das Fleisch eine stark säurebildende Wirkung und begünstigt Krankheiten wie Gicht, Rheuma, Arterienverkalkung, Steinbildung in den Organen, Krebs und Herzleiden. Menschen, die wenig oder gar kein Fleisch essen, fallen besonders durch ihre Vitalität und frisches Aussehen auf.

Die wahre Schönheit kommt von innen, und Speisen, die dem Körper ein höheres Energie-Niveau bieten, wie zum Beispiel frisches Gemüse, Obst und vollwertige Getreide, schenken dem Menschen eine vitalere Ausstrahlung. Auch erhöht sich durch eine gesunde Lebensweise die geistige Klarheit.

Doch alles unterliegt einem langsamen Reifeprozess und genauer betrachtet führt dieser Weg zu mehr Sensibilität und Leichtigkeit. Die verbreitete Meinung, Menschen, die kein Fleisch essen, seien blasse, schwache und kränkliche Personen, ist zum Glück überholt. Studien haben gezeigt, dass diese Gruppe von Personen in einer viel besseren körperlichen Verfassung ist als Fleischesser. Natürlich gibt es auch die so genannten Puddingvegetarier, die zwar kein Fleisch essen, sich dafür aber gerne von Weißmehlprodukten und Süßigkeiten ernähren. Essen soll unsere Lebenslust und unser Wohlbefinden erhöhen. Und Essen muss auch schmecken, nur dann kann es gesund sein. Um Ihnen schmackhafte Anregungen zum genussreichen Essen zu geben, habe ich Ihnen nachfolgend meine schönsten vegetarischen Trennkostrezepte zusammengestellt. Ich wünsche Ihnen viel Spaß beim Entdecken dieser Köstlichkeiten.

Herzlichst Ihre Ursula Summ

Vegetarische Trennkost

Was ist Trennkost?

Die Trennkost nach Dr. Hay war in erster Linie dazu erdacht, den Körper zu reinigen und zu entgiften. Erst später wurde die Trennkost zur Gewichtsabnahme entdeckt. Dr. Hay legte größten Wert auf das harmonische Zusammenspiel zwischen Essen und anschließender Verdauung. So ordnete er die Nahrungsmittel untereinander und teilte sie in drei verschiedene Gruppen ein. In eiweißhaltige, in kohlenhydrathaltige und in neutrale Nahrungsmittel.
Der Grund hierfür war, dass eiweißhaltige Nahrungsmittel in einem sauren Milieu verdaut werden, Kohlenhydrate jedoch in einem basischen. Unter neutral stufte er solche Nahrungsmittel ein, die weder die Eiweißverdauung noch die Kohlenhydratverdauung beeinträchtigen. Zu den Neutralen zählte er die Fette, Öle, gesäuerte Milchprodukte, Salate, Rohkost und Gemüse. Auf dem Trennungsplan auf den Seiten 10 bis 14 finden Sie die genaue Aufteilung.
Doch mit der Trennung der einzelnen Nahrungsmittel alleine war Hay nicht zufrieden. So empfahl er, zusätzlich auch das Säuren-Basen-Gleichgewicht zu beachten. Zu den Säurebildnern zählte er verschiedene Eiweißprodukte wie Fleisch, Wurst, Fisch, Eier und Käse, aber auch kohlenhydrathaltige Nahrung wie Weißmehlprodukte, Zucker und polierten Reis.
Dagegen ordnete er das frische Gemüse, Salate, Rohkost, Obst, junge Kartoffeln, Samen, Kerne, Keimlinge und hochwertige Öle den Basenbildnern zu. Basenbildner sind hochwertige Lebensmittel, die auf Grund ihres hohen Enzym-, Vitamin- und Mineralstoffgehaltes die Lebenstätigkeit der Zellen und des Blutes erst ermöglichen und aufrechterhalten.
Als dritte Grundlage empfahl Hay, die Nahrung so natürlich wie möglich zu erhalten, da jegliche Behandlung seitens der Industrie der Nahrung schadet.

Trennkost – einfach und bequem

Trennkost wird immer beliebter, da bei dieser Ernährungsform von niemandem Zwänge oder extreme Dinge verlangt werden. Trennkost überfordert auch nicht die Hausfrau, die allen Familienmitgliedern gerecht werden muss. Denn hier gibt es keine doppelte Kocherei. Eiweißmahlzeiten werden lediglich mit Kohlenhydraten ergänzt oder im umgekehrten Fall wird eine Kohlenhydratmahlzeit mit Eiweiß ergänzt. So kann sich zum Beispiel der Vegetarier ein schmackhaftes Kartoffel- oder Nudelgericht zubereiten und der „Nicht-Vegetarier" und vielleicht auch „Nicht-Trennköstler" kann dazu sein Fleisch essen.

Wie funktioniert die Trennkost?

Den ersten Schritt bestimmen Sie, indem Sie sich für eine Eiweiß- oder für eine Kohlenhydratmahlzeit entscheiden.
Kombinieren Sie dann innerhalb einer Mahlzeit nur solche Nahrungsmittel miteinander, die sich untereinander gut vertragen. Nehmen Sie dazu den Trennungsplan zur Hilfe, dann ist alles supereinfach.

Frühstück

Starten Sie je nach Belieben morgens mit Obst oder Müsli oder mit einem belegten Brot. Wenn Sie auf Kaffee oder schwarzen Tee nicht verzichten möchten, mildern Sie ihn mit etwas Kaffeesahne ab.

1. Zwischenmahlzeit

Zum zweiten Frühstück etwa gegen 11 Uhr eine vitamin- und mineralstoffreiche Zwischenmahlzeit aus Obst, Rohkost oder Milchprodukten.

Mittagessen

Wählen Sie jetzt unter einer Eiweiß- oder einer Kohlenhydratmahlzeit aus. Die anschließenden Rezepte bieten Ihnen hier eine reichhaltige Auswahl.
Sind Sie berufstätig und gleichzeitig Selbstversorger, dann empfiehlt es sich, am Abend zuvor die doppelte Menge einer Speise zuzubereiten und die zweite Portion am nächsten Tag mit an den Arbeitsplatz zu nehmen.

2. Zwischenmahlzeit

Am Nachmittag sinkt bei fast allen Menschen der Blutzuckerspiegel. Darum benötigt der Organismus jetzt dringend einen Energienachschub in Form von leicht verdaulichen Kohlenhydraten, wie zum Beispiel einer Banane oder einem Müsliriegel.

Abendessen

Zum Ausklang des Tages sollte der Magen nicht mehr mit einer üppigen Mahlzeit belastet werden. Bevorzugen Sie daher am Abend die leichter verdaulichen Kohlenhydrate. Genauere Angaben zu jeweils geeigneten Nahrungsmitteln und Mengen finden Sie im Mengenplan ab Seite 15.

Sinnvoll: ein Umschalttag

Wenn Sie Ihre Ernährung auf Trennkost umstellen wollen, sollten Sie Ihrem Körper einen Umschalttag gönnen, damit er sich auf die veränderte Kost einstellen kann. Der Umschalttag regt zudem den Stoffwechsel an und fördert die Entschlackung. Ideal für den Einstieg in die Trennkost ist ein Obsttag oder ein Gemüse-Salat-Tag.

Obsttag

Essen Sie bis 15 Uhr frisches Obst der Saison (bitte keine Bananen, frische Feigen oder Datteln). Die Menge richtet sich hier nach Ihrem Appetit. Nach 17 Uhr stehen dann noch 2 mittelgroße Bananen oder 2 Pellkartoffeln auf dem Speiseplan.

Gemüse-Salat-Tag

Essen Sie an diesem Tag ausschließlich Gemüse und/oder Salate der Saison in beliebiger Menge. Die Lebensmittel können roh oder leicht gedünstet verzehrt werden. Verzichten Sie beim Dünsten aber auf Fett und Salz. Verfeinern dürfen Sie das Ganze mit etwas vegetarischer Gemüsebrühe (Instantpulver). Zusätzlich sollten Sie viel trinken, z. B. Früchtetee oder natriumarmes, stilles Mineralwasser.

Trennungsplan

Dieser Plan gibt Ihnen einen genauen Überblick darüber, welche Lebensmittel in die Eiweißgruppe, welche in die neutrale Gruppe und welche in die Kohlenhydratgruppe gehören. Außerdem finden Sie dort eine Aufzählung von Lebensmitteln, deren Verzehr in der vegetarischen Trennkost nicht empfohlen wird. Ich habe diese Lebensmittel trotzdem im Plan aufgelistet, damit Sie wissen, in welche Gruppe sie gehören. Dennoch sollten Sie stets selbst entscheiden, ob Sie ein solches Lebensmittel lieber meiden möchten oder nicht. Dies gilt auch für die nicht-vegetarischen Nahrungsmittel. Ihre persönliche Freiheit liegt mir hier sehr am Herzen.
Innerhalb einer Mahlzeit dürfen zur Eiweiß- und zur Kohlenhydratgruppe gehörende Lebensmittel nicht zusammen gegessen werden, da sonst die Verdauungsvorgänge gestört werden. Folgende Kombinationen sind aber möglich:

- Lebensmittel aus der Eiweißgruppe kombiniert mit solchen aus der neutralen Gruppe
- Lebensmittel aus der Kohlenhydratgruppe kombiniert mit solchen aus der neutralen Gruppe.

Eiweißgruppe

Sojaprodukte:
z.B. Sojasauce, Tofu (Sojabohnenquark) und mit Soja hergestellte Brotaufstriche

Eier

Milch

Käsesorten mit höchstens 50 % Fett i.Tr.:
z.B. Parmesan, Harzer Käse, Edamer, Gouda und Tilsiter

gekochte Tomaten

folgende Getränke:
Früchtetee, Apfelwein, herber Weiß- und Rotwein, herber Rosé, trockener Sekt, Obstsäfte und mit Wasser verdünnte Obstsäfte

Beerenfrüchte (außer Heidelbeeren):
z.B. Erdbeeren und Himbeeren

Kernobstsorten (außer mürben, süßen Äpfeln):
z.B. säuerliche Äpfel und Birnen

Steinobstsorten:
z.B. Pfirsiche, Aprikosen und Kirschen

Weintrauben

Zitrusfrüchte:
z.B. Orangen, Zitronen und Grapefruits

exotische Obstsorten (außer Bananen, frischen Feigen und Datteln):
z.B. Mangos, Maracujas, Papayas und Ananas

gegarte Fleischsorten:
vom Rind z.B. Bratenfleisch, Rouladen, Gulaschfleisch, Steaks, Hackfleisch und Geschnetzeltes;
vom Kalb z.B. Schnitzel und Bratenfleisch;
vom Lamm z.B. Koteletts, Keule und Rücken.
Schweinefleisch zählt auch zur Eiweißgruppe. Sein Verzehr wird aber nicht empfohlen.

gegarte Geflügelsorten:
z.B. Putenrollbraten, Putenschnitzel und -brust, Putengeschnetzeltes, Gans, Ente, Hähnchen und Poularde

gegarte Wurstsorten:
z.B. gegarte Bratwurst, Fleischwurst, Leberkäse, Rindswurst, Knacker, Corned Beef, gekochter Schinken und Geflügelwurst.

Gegarte Wurstwaren aus Schweinefleisch sind nicht empfehlenswert und sollten daher durch solche aus Rind- und Geflügelfleisch ersetzt werden.

ungeräucherte, gegarte Fischsorten:
z.B. Seelachs, Kabeljau, Lachs, Rotbarsch, Heilbutt, Tunfisch, Makrele, Hering, Forelle, Hecht und Scholle

gegarte Schalen- und Krustentiere (Meeresfrüchte):
z.B. Muscheln, Garnelen, Krebse und Hummer

Tipp:

- Verwenden Sie zum Panieren von Lebensmitteln aus der Eiweißgruppe keine Semmelbrösel (sie gehören in die Kohlenhydratgruppe), sondern Sesamsamen, gemahlene Mandeln oder gemahlene Nüsse (alles neutrale Lebensmittel).

Neutrale Gruppe

Die in dieser Gruppe aufgelisteten Lebensmittel dürfen innerhalb einer Mahlzeit sowohl mit Lebensmitteln aus der Eiweiß- als auch mit solchen aus der Kohlenhydratgruppe gemischt werden.

Fette (außer gehärteten und weißen, festen Fetten):
z.B. Öle (die kaltgepressten bevorzugen), ungehärtete Margarinesorten mit hohem Anteil an mehrfach ungesättigten Fettsäuren (aus dem Reformhaus), Butter; außerdem: schmalzähnlicher, pflanzlicher Brotaufstrich (im Reformhaus oder im Naturkostladen unter der Markenbezeichnung „Holstener Liesl“ zu finden)

gesäuerte Milchprodukte:
z.B. Jogurt, saure Sahne, Quark, Buttermilch, Dickmilch und Kefir; außerdem: vergorenes Molkekonzentrat (Molkosan, siehe Seite 20)

süße Sahne und Kaffeesahne

Käsesorten mit mindestens 60 % Fett i.Tr.:
z.B. Doppelrahmfrischkäse, Butterkäse, Camembert, Rahm- und Butterrahmkäsesorten

Weißkäsesorten:
z.B. Schafs- und Ziegenkäse, Mozzarella, körniger Frischkäse

folgende Gemüsesorten:
Artischocken, Auberginen, Avocados, Blumenkohl, grüne Bohnen, Brokkoli, Schikoree, Chinakohl, grüne Erbsen, Fenchel, Gurken, Knoblauch, Kohlrabi, Lauch, frischer Mais, Mangold, Möhren, Paprikaschoten, Peperoni, Radieschen, Rettich, rote Beten, Rosenkohl, Rotkohl, Sauerkraut, Sellerie, Spargel, Spinat, rohe Tomaten, Weißkohl, Wirsing, Zucchini, Zwiebeln

Blattsalate:
z.B. Kopfsalat, Endiviensalat, Feldsalat und Eisbergsalat

Pilze:
z.B. Champignons, Austernpilze, Pfifferlinge und Steinpilze

Sprossen und Keime:
z.B. Mungobohnenkeimlinge, Alfalfa und Radieschensprossen

rohe oder geräucherte Wurstwaren:
z.B. Bündner Fleisch, roher Schinken, Salami und Debrecziner. Hier sollten Sie auf Sorten aus Schweinefleisch verzichten und auf solche

aus Rind- oder Putenfleisch ausweichen.

rohes Fleisch:
z.B. Tatar (rohes Fleisch sollte aber gemieden werden)

rohe oder geräucherte Fischsorten:
z.B. Schillerlocken, geräucherter Bückling, geräucherter Aal, geräucherte Makrele oder Forelle, Räucherlachs, Matjeshering

Kräuter, Gewürze und Zitrusschalen

Nüsse (außer Erdnüssen) und Samen:
z.B. Haselnüsse, Walnüsse, Kokosnussraspel, Mandeln, Sesam, Mohn

Heidelbeeren

ungeschwefelte Rosinen

Oliven

Eigelb

Hefe

Gemüsebrühe

klare, hochprozentige Spirituosen:
z.B. Korn, Wacholder und klarer Obstbrand

Kräutertees

Geliermittel:
z.B. Gelatine (tierisches Produkt), Agar-Agar (eine pulverisierte Meeresalge – das Pulver wird in kalter Flüssigkeit aufgelöst, dann erhitzt man das Ganze auf 60 bis 80° C und lässt es erkalten), pflanzliche Bindemittel aus Johannisbrotkernmehl (gibt es in Reformhäusern)

Kohlenhydratgruppe

Vollkorngetreide:
z.B. Weizen, Roggen, Dinkel, Hafer, Gerste, Hirse, Grünkern, getrockneter Mais und Naturreis

Buchweizen

Vollkorngetreideerzeugnisse:
z.B. Vollkornbrot und -brötchen, Kuchen aus Vollkornmehl, Vollkornnudeln und Vollkorngrieß

Kartoffeln

folgende Gemüsesorten:
Topinambur, Grünkohl und Schwarzwurzeln

folgende Obstsorten:
Bananen, mürbe, süße Äpfel, frische Feigen und frische Datteln

ungeschwefeltes Trockenobst (außer Rosinen)

folgende Süßungsmittel:
Frutilose (siehe Seite 20), Honig, Ahornsirup, Birnen- und Apfeldicksaft

Kartoffelstärke

Weinsteinbackpulver

Puddingpulver (ohne Farbstoff)

Carobe
(gemahlene Frucht des Johannisbrotbaums – das Pulver wird wie Kakao verwendet und ist im Naturkostladen erhältlich)

Bier

Bitte meiden:

- weißes Mehl und daraus hergestellte Produkte, z.B. süße und pikante Backwaren sowie Nudeln und polierten Reis
- Zucker, Süßstoffe und daraus hergestellte Produkte, z.B. Süßwaren, Marmeladen und Gelees
- Fertiggerichte und Konserven
- getrocknete Hülsenfrüchte, z.B. Bohnen, Erbsen und Linsen
- Erdnüsse
- Preiselbeeren
- Schweinefleisch, rohes Fleisch
- Wurstwaren
- rohes Eiweiß von Eiern
- fertige Majonäse
- Essig
- gehärtete Fette, z.B. normale Margarinesorten und feste, weiße Fritier- und Bratfette (Plattenfette)
- schwarzer Tee, Bohnenkaffee, Kakao und hochprozentige Spirituosen

Tipp:

Getreidebratlinge werden vor dem Panieren nicht in Ei gewendet und nur mit Vollkornsemmelbröseln, gemahlenen Nüssen oder Sesamkörnern paniert.

Mengenplan

Durch diesen Plan erfahren Sie, wie ein Tag mit der Trennkost aussehen sollte. Sie sehen, was und wie viel Sie beispielsweise zum Frühstück oder am Mittag essen können und in welchen ungefähren Abständen die Mahlzeiten eingenommen werden sollten. Die Gewichtsangaben und die Uhrzeiten auf dem Mengenplan sind nur Richtwerte.
Morgens, gleich nach dem Aufstehen, sollten Sie 1 Glas (etwa 200 ml) natriumarmes stilles Mineralwasser zu sich nehmen.

Frühstück

Hier haben Sie die Wahl zwischen einer Kohlenhydrat-, einer Eiweiß- und einer Obstmahlzeit.

Kohlenhydratmahlzeit:
1 Scheibe Vollkornbrot (50 g)
oder 1 Vollkornbrötchen
oder 3 Scheiben Vollkornknäckebrot.
Die jeweilige Brotsorte dünn mit Butter oder Margarine bestreichen und mit Folgendem belegen beziehungsweise bestreichen:
30 g Käse ab 60% Fett i. Tr. (ca. 1 Scheibe)
oder 50 g Quark (ca. 2 EL)
oder 2 TL Honig.
Alternativ können Sie auch ein Müsli oder einen Getreidebrei essen.

Eiweißmahlzeit:
2 Eier (als Spiegeleier oder Rühreier zubereitet oder gekocht. Achtung: nicht mehr als 3 Eier pro Woche).
Dazu können Sie Folgendes essen: Tomaten, Gurken, Paprikaschoten, Radieschen oder andere neutrale Gemüsesorten. Brot gehört zur Kohlenhydratgruppe und passt daher nicht dazu.

Obstmahlzeit:
In beliebiger Menge frisches Obst der Saison (außer zusammen mit Bananen, frischen Feigen und Datteln).
Wenn Sie auf Ihren Kaffee oder schwarzen Tee nicht verzichten möchten, sollten Sie ihn mit etwas Sahne oder eventuell auch mit Honig verfeinern.
Wichtig: Jeden Bissen sorgfältig kauen und gut einspeicheln. Kaffee oder Tee ist kein Speichelersatz. Im Lauf des Vormittags sollten Sie 2 Gläser (etwa 400 ml) Früchte- oder Kräutertee oder stilles Mineralwasser zu sich nehmen.

1. Zwischenmahlzeit

200 g frisches Obst der Saison (aber keine Bananen, frische Feigen oder Datteln)
oder 250 ml Frischmilch
oder 250 g angesäuerte Milchprodukte (z.B. Jogurt, Quark, Dickmilch oder Buttermilch)
oder 100 g frisches Obst (aber keine Bananen, frische Feigen oder Datteln) und dazu 125 ml Frischmilch oder angesäuerte Milchprodukte
1 Glas (etwa 200 ml) Früchte- oder Kräutertee oder stilles Mineralwasser

Mittagessen

Mittags haben Sie die Auswahl zwischen einer Eiweiß- und einer Kohlenhydratmahlzeit.

Eiweißmahlzeit:
100 g Tofu
oder 2 Eier
oder 60–80 g Käse bis 50 % Fett i. Tr.
oder 80 g gegarte Wurstsorten.
Dazu gibt es ca. 400 g neutrales Gemüse und Salat.

Kohlenhydratmahlzeit:
50 g Getreide (roh gewogen)
oder 60 g Naturreis (roh gewogen)
oder 60 g Vollkornnudeln (roh gewogen)
oder 100 g Vollkornbrot
oder 200 g Kartoffeln
Dazu gibt es ca. 400 g Gemüse und Salat.
Zusätzlich zu den Zutaten für die Eiweiß- oder Kohlenhydratmahlzeit können Sie auch kleine Mengen Butter, Margarine, Öl oder Sahne verwenden. Die genannten Lebensmittel sind neutral und passen immer dazu. Außerdem dürfen Sie zu jeder Mittagsmahlzeit noch 30–50 g neutrale Lebensmittel essen (siehe Trennungsplan Seite 12 und 13).
Wichtig: Während einer Hauptmahlzeit sollten Sie nichts trinken. Falls Sie nicht darauf verzichten wollen, trinken Sie die Flüssigkeit stets in kleinen Schlucken.
Im Laufe des Nachmittags sollten Sie 3 Gläser (etwa 600 ml) Früchte- oder Kräutertee oder stilles Mineralwasser zu sich nehmen.

2. Zwischenmahlzeit

1 Banane
oder 1 Müsliriegel ohne Zucker
oder 1 Stück Kuchen
oder 2–3 Plätzchen
oder 1 Scheibe Knäckebrot mit Honig
oder 2 EL Quark mit 1 TL Honig
oder 1 EL Vollkornhaferflocken und 1 Becher Jogurt
oder 200 g angesäuerte Milchprodukte (z.B. Jogurt, Dickmilch, Quark oder Buttermilch).
Wichtig: Keine Frischmilch trinken, denn sie ist nachmittags schwerer verdaulich.
1 Glas (etwa 200 ml) Früchte- oder Kräutertee oder stilles Mineralwasser

Abendessen

Abends haben Sie die Auswahl bei den Kohlenhydratgerichten (ab und an können Sie abends auch einmal ein neutrales oder ein Eiweißgericht essen).
50 g Getreide (roh gewogen)
oder 100 g Vollkornbrot
oder 60 g Naturreis (roh gewogen)
oder 60 g Vollkornnudeln (roh gewogen)
oder 200 g Kartoffeln.
Dazu gibt es ca. 400 g Gemüse und Salat sowie 30–50 g neutrale Lebensmittel (siehe Trennungsplan Seite 12 und 13) und kleinere Mengen Butter, Margarine, Öl oder Sahne.

Wochenplan A

	Frühstück	Zwischenmahlzeit	Mittagessen	Zwischenmahlzeit	Abendessen
Montag	Frisches Obst der Saison	250 ml Buttermilch	Überbackener Blumenkohl	1 Naturjogurt mit 1 EL Haferflocken und 1 TL Honig	Kartoffelsuppe mit Champignons
Dienstag	Apfel, Frischkäsebrot	1 Becher Naturjoghurt mit 100 g frischen Beeren	Bunter Sprossensalat, Nudeln mit Pilz-Sahne-Sauce	1 Banane	Bunte Gemüsesuppe
Mittwoch	Mandelgrapefruit	1 Apfel, Frischkäsebrot	Fitmachersalat	1 Scheibe Knäckebrot mit wenig Butter und Honig	Austernpilzragout mit Kartoffelpüree
Donnerstag	Käsebrot	1 großer säuerlicher Apfel	Kartoffelbrei mit Sauerkraut und Röstzwiebeln	Möhrenbuttermilch	Ländlicher Reiseintopf
Freitag	Getoastetes Bananenbrot	1 Becher Kefir 250 ml	Schweizer Bohnensalat	1 großer süßer Apfel	Brokkolicreme-Suppe, Nudelauflauf
Samstag	Honigbrötchen	1 große Orange	Italienischer Bohneneintopf	Hirsejogurt mit Heidelbeeren	Kohlrabisalat, Pellkartoffeln mit Tsatsiki
Sonntag	Frischkäsebrot	Möhrenbuttermilch	Überbackener Gemüse-Frucht-Salat	100 g Quark mit einer kleinen Banane und 2 TL Ahornsirup verrühren	Apfelpfannkuchen mit Apfelkompott

Die Rezepte zu den Gerichten finden Sie im Rezeptteil.

Wochenplan B

	Frühstück	Zwischenmahlzeit	Mittagessen	Zwischenmahlzeit	Abendessen
Montag	Frisches Obst der Saison in beliebiger Menge (außer Bananen, Feigen und Datteln)	250 ml Buttermilch	Möhrensuppe, Schaumomelett mit Pilzen	1 Banane	Bunte Gemüsesuppe
Dienstag	Kräuterquark mit Sonnenblumenkernen	4 große Möhren	Blumenkohlsalat, Kartoffelsuppe mit Champignons	1 Becher Naturjogurt	Pizza Romana
Mittwoch	Bananenjoghurt	Frisches Obst der Saison in beliebiger Menge	Rohkostplatte, Spagetti mit Knoblauch-Sahne-Sauce	1 Scheibe Knäckebrot mit wenig Butter und Honig	Gemüsepaella
Donnerstag	Haferflockenmüsli mit Trocken-Aprikosen	1 große Orange	Bunte Kartoffelpfanne	1 großer süßer Apfel	Bohneneintopf mit Holstener Liesl
Freitag	1 Apfel, Frischkäsebrot	1 Becher Naturjogurt mit 100 g frischen Beeren	Gratinierte Champignons mit Sauerkraut	Fruchtiger Sahnereis	Bratkartoffeln mit Rosenkohl
Samstag	Spanisches Frühstück	1 großer säuerlicher Apfel	Paprikagemüse mit Spiegeleiern	Gefüllte Käseküchlein	Käse-Tomaten-Brot mit aufgeschn. Tomaten
Sonntag	Getoastetes Kräuterquarkbrötchen	Heidelbeer-Dickmilch	Asiatisches Tofugemüse	1 Toastbrot mit wenig Butter und Honig	Pilzsalat, dazu 1 Vollkornbrötchen

Die Rezepte zu den Gerichten finden Sie im Rezeptteil.

Hinweise zum Rezeptteil

Hinweise zu den Rezepten

Einteilung der Gerichte

Im Rezeptkopf werden Sie stets darüber informiert, ob es sich um ein Eiweiß-, ein Kohlenhydrat- oder um ein neutrales Gericht handelt.

Portionsangaben

Die Rezepte ergeben bis auf wenige Ausnahmen 1 Portion. Im Rezeptkopf finden Sie jeweils die zutreffende Portionsangabe.

Zubereitungszeit und Extrazeiten

Die Zubereitungszeit beinhaltet sowohl die Vorbereitungs- als auch die Gar- bzw. Backzeit. Extrazeiten (z.B. Zeit zum Quellen, Gehen oder Kühlen) sind gesondert angegeben und müssen zur Zubereitungszeit hinzugerechnet werden.

Kalorienangaben

Die Kalorienangaben beziehen sich immer auf 1 Portion bzw. auf 1 Stück (z.B. bei Obst).

Zutatenmengen

Die Zutatenmengen beziehen sich auf die ungeputzte Rohware. Bei Stückangaben (z.B. 1 Apfel oder 1 Karotte) wird von einem Stück mittlerer Größe ausgegangen.

Esslöffel- und Teelöffelangaben

Bei diesen beiden Angaben sind immer gestrichene Maße gemeint, wenn nicht anders angegeben.

Rezepte variieren oder selbst kreieren

Möchten Sie Rezepte verändern oder eigene Kreationen entwickeln, beachten Sie bitte die Gruppenzugehörigkeit der zu verwendenden Lebensmittel. Ziehen Sie den Trennungsplan (Seite 10 bis 14) zurate.

Hinweise zu einigen Lebensmitteln

Frutilose

Es handelt sich hierbei um einen schonend eingedickten Obstdicksaft aus dem Reformhaus. Er zählt zur Gruppe der Kohlenhydrate, kann allerdings in kleinen Mengen auch zum Süßen von Eiweiß- oder von neutralen Gerichten verwendet werden.

Molkosan

Das vergorene Molkekonzentrat wird mit Wasser verdünnt im Speziellen als Essigersatz und im Allgemeinen zum säuerlichen Abschmecken von Speisen verwendet.

Pflanzliche Bindemittel
Bindemittel (z.B. Biobin und Nestargel), die meist aus Johannisbrotkernmehl hergestellt werden, sind geschmacksneutral und haben wenig Kalorien. Sie erhalten sie im Reformhaus. Das Pulver stets sparsam verwenden, da es bereits in geringen Mengen zu einer Bindung der Speisen führt. Beachten Sie unbedingt die Dosierungs- und Handhabungsangaben der Hersteller.

Weinsteinbackpulver
Es enthält im Gegensatz zu herkömmlichem Backpulver kein Phosphat. Was seine Verwendung und Treibfähigkeit betrifft, ist es im Vergleich zu herkömmlichem Backpulver als gleichwertig anzusehen.

Meer- und Kräutersalz
Beide sind herkömmlichem Haushaltssalz vorzuziehen. Meersalz enthält wertvolle Vitamine und Mineralstoffe. Kräutersalz hat nur einen reinen Kochsalzgehalt von etwa 84%.

Rein vegetarische Gemüsebrühe
Das Instantpulver bietet sich als Streuwürze bestens an. Außerdem können Sie daraus eine hervorragende Suppen- oder Saucengrundlage herstellen. Reine Gemüsebrühe wird nur aus pflanzlichen Zutaten hergestellt; sie ist cholesterin- und glutenfrei und enthält keine gehärteten Fette.

Öle
Empfehlenswert sind naturbelassene, unraffinierte Produkte, die reichlich mehrfach ungesättigte Fettsäuren enthalten. Oliven-, Sonnenblumen-, Distel-, Weizenkeim-, Leinsamen- und Maiskeimöl sind im Reformhaus in entsprechender Qualität erhältlich. Verwenden Sie zum Kochen möglichst Oliven- oder Sonnenblumenöl, denn beide sind relativ hitzestabil. Auf raffinierte Öle, wie z.B. ganz normales Salatöl, sollten Sie wenn möglich verzichten.

Fette
Butter, ungehärtetes Kokosfett oder andere ungehärtete Pflanzenfette, wie z.B. Margarine aus dem Reformhaus mit einem hohen Anteil an ungesättigten Fettsäuren, sind empfehlenswert. Ihrer Kalorien wegen sollten Sie jedoch nur sparsam eingesetzt werden. Die oben aufgezählten Margarinesorten dürfen nicht zu stark erhitzt werden. Bitte bei deren Verwendung unbedingt die Herstellerangaben beachten.

Auf gehärtete Fette, wie z.B. auf herkömmliche Margarinesorten, feste, weiße Brat- oder Frittierfette, sollten Sie unbedingt verzichten.

Frische Kräuter

Sie spielen in den Rezepten eine ganz wesentliche geschmacksgebende Rolle. So kann meist auf Salz und immer auf Pfeffer verzichtet werden. Greifen Sie in Ausnahmefällen auf das Tiefkühlangebot zurück.

Naturreis

Ungeschälter Reis enthält im Gegensatz zu poliertem Reis mehr Ballaststoffe, Vitamine und Mineralstoffe. In den Rezepten wird der Reis oft etwa 8 Stunden oder über Nacht eingeweicht, um die Garzeit zu verkürzen. Sie können ihn auch ohne Einweichen als Koch- oder Quellreis zubereiten. Dann beträgt die Garzeit je nach Sorte 30 bis 45 Minuten.

Eier

Verwenden sie nur Eier von freilaufenden Legehennen. Sie sollten stets frisch verarbeitet werden, um eine mögliche Salmonellenbelastung auszuschließen.

Abkürzungen

TL = Teelöffel
EL = Esslöffel
ML = Messlöffel
g = Gramm (1000 g = 1 kg)
kg = Kilogramm
ml = Milliliter
l = Liter
Msp. = Messerspitze
kcal = Kilokalorien
cm = Zentimeter
geh. = gehäufter
°C = Grad Celsius
TK-... = Tiefkühl-...
Fett i. Tr. = Fett in der Trockenmasse

Muntere Frühstücksideen

Toastbrot mit Kräuterbutter

KOHLENHYDRATGERICHT
ZUBEREITUNGSZEIT: CA. 10 MINUTEN
TOASTBROT FÜR 1 PORTION
KRÄUTERBUTTER FÜR 10 PORTIONEN
CA. 310 KCAL JE PORTION

2–3 Stängel Petersilie
10 Stängel Schnittlauch
2 Stängel Dill
1–2 Stängel Thymian
1–2 Stängel Oregano
½ TL Meersalz
150 g Butter
2 Scheiben Vollkorntoast

1. Die Kräuter waschen, verlesen und im Mixer fein pürieren.
2. Anschließend mit der Butter gut verkneten, leicht salzen und kühl stellen.
3. Die Brotscheiben toasten und mit der Kräuterbutter bestreichen.

Spanisches Frühstück

KOHLENHYDRATGERICHT
ZUBEREITUNGSZEIT: CA. 10 MINUTEN
1 PORTION
CA. 620 KCAL JE PORTION

6 schwarze Oliven
1 kleine reife Avocado
1 Knoblauchzehe (nach Belieben)
½ TL Kräutersalz
1 Vollkornbrötchen
2 Dillzweige

1. Zuerst 4 von den 6 Oliven sehr fein hacken.
2. Die Avocado halbieren, den Kern entfernen. Das Fruchtfleisch mit einem Löffel herauslösen und mit einer Gabel fein zerdrücken.
3. Nach Belieben die Knoblauchzehe schälen und durch eine Presse dazu drücken. Dann die Olivenwürfel unterheben. Die Creme mit dem Kräutersalz abschmecken.
4. Das Brötchen in der Mitte durchschneiden, beide Hälften toasten und mit der Avocadocreme gleichmäßig bestreichen.
5. Die Brötchenhälften abschließend mit den gewaschenen und trocken geschüttelten Dillzweigen und den beiden restlichen Oliven hübsch garnieren.

Kräuterquark mit Sonnenblumenkernen

Kohlenhydratgericht
Zubereitungszeit: ca. 10 Minuten
1 Portion
ca. 260 kcal je Portion

100 g Quark (20 % Fett i. Tr.)
3 EL Mineralwasser
etwas Meersalz
3 EL fein gehackte Kräuter
1 Scheibe Vollkornbrot
1 TL Butter
1 EL Sonnenblumenkerne

1. Den Quark mit dem Mineralwasser glatt rühren und salzen, dann die Kräuter untermischen.
2. Das Brot mit der Butter bestreichen. Den Quark auf dem Brot verteilen und zum Schluss mit den Sonnenblumenkernen bestreuen.

Apfel-Frischkäse-Brot

Kohlenhydratgericht
Zubereitungszeit: ca. 10 Minuten
1 Portion
ca. 360 kcal je Portion

1 Scheibe Vollkornbrot
2 TL Butter
2 EL cremiger Frischkäse
1 großes Salatblatt
½ kleiner mürber Apfel

1. Das Brot mit der Butter und dem Frischkäse bestreichen.
2. Dann mit dem Salatblatt belegen.
3. Den Apfel in Spalten schneiden und darauf verteilen.

Süßer Haferflockenbrei

KOHLENHYDRATGERICHT
ZUBEREITUNGSZEIT: CA. 10 MINUTEN
1 PORTION
CA. 320 KCAL JE PORTION

50 g Haferkörner oder kernige Haferflocken
2 EL Sahne
2 TL Honig
1 Prise Zimtpulver

1. Die Haferkörner mit einem Flocker zu Flocken quetschen. (Wer keinen Flocker zur Verfügung hat, kann auch Vollkornhaferflocken verwenden.)
2. Dann ¼ l Wasser mit der Sahne in einem kleinen Topf verrühren. Die Haferflocken hinzufügen und alles unter Rühren langsam aufkochen lassen.
3. Den Brei mit dem Honig leicht süßen und mit dem Zimt bestäuben.

Frischkäsebrot

KOHLENHYDRATGERICHT
ZUBEREITUNGSZEIT: CA. 10 MINUTEN
1 PORTION
CA. 260 KCAL JE PORTION

50 g Doppelrahmfrischkäse
2 EL Mineralwasser
1 Knoblauchzehe
2–3 Basilikumblätter
½ TL Kräutersalz
1 Scheibe Vollkornbrot

1. Den Frischkäse mit dem Mineralwasser cremig rühren. Die Knoblauchzehe schälen und dazudrücken.
2. Die Basilikumblättchen waschen, sehr fein hacken, zusammen mit dem Kräutersalz zum Frischkäse geben und alles mischen.
3. Das Vollkornbrot gleichmäßig mit der Käsecreme bestreichen.

Bananenjogurt

Kohlenhydratgericht
Zubereitungszeit: ca. 10 Minuten
1 Portion
ca. 230 kcal je Portion

1 kleine Banane
150 g Jogurt (3,5 % Fett)
1 EL Sonnenblumenkerne

1. Die Banane schälen, mit einer Gabel zerdrücken.
2. Den Jogurt mit einem Schneebesen cremig rühren und das Bananenmus darunter rühren. Alles mit den Sonnenblumenkernen bestreuen.

Apfelmüsli

Kohlenhydratgericht
Zubereitungszeit: ca. 15 Minuten
1 Portion
ca. 310 kcal je Portion

1 mürber Apfel
100 g Jogurt (3,5 % Fett)
2 TL Frutilose
3 EL kernige Haferflocken

1. Den Apfel waschen, vierteln, entkernen, grob raspeln.
2. Den Jogurt mit der Frutilose glatt rühren und die Apfelraspel darunter mischen.
3. Die Haferflocken in ein Schälchen geben und den Jogurt darauf geben.

Haferflockenmüsli mit Trocken-Aprikosen

Kohlenhydratgericht
Quellzeit: ca. 8 Stunden oder über Nacht
Zubereitungszeit: ca. 10 Minuten
1 Portion
ca. 276 kcal je Portion

3 getrocknete Aprikosen (ungeschwefelt)
3 EL kernige Haferflocken
100 g Kefir
1 EL Ahornsirup
1 Prise Zimt

1. Die Aprikosen über Nacht in etwas Wasser quellen lassen.
2. Am nächsten Morgen die Aprikosen klein schneiden und mit dem Einweichwasser, den Haferflocken und dem Kefir mischen.
3. Das Müsli mit dem Ahornsirup süßen und mit dem Zimt bestäuben.

Mandelgrapefruit

EIWEISSGERICHT
ZUBEREITUNGSZEIT: CA. 10 MINUTEN
1 PORTION
CA. 390 KCAL JE PORTION

2 EL gehackte Mandeln
1 Grapefruit
150 g Jogurt (3,5 % Fett)
1 EL Frutilose

1. Die Mandeln kurz in einer beschichteten Pfanne ohne Fettzugabe anrösten und abkühlen lassen.
2. Inzwischen die Grapefruit schälen, in Spalten teilen und diese gegebenenfalls von zu starken Trennhäuten sorgfältig befreien. Die Grapefruitfilets in eine kleine Schüssel geben.
3. Den Jogurt mit der Frutilose cremig rühren und alles über die Grapefruitfilets geben. Das Müsli abschließend mit den gerösteten Mandeln bestreut servieren.

Orangenjogurt

EIWEISSGERICHT
ZUBEREITUNGSZEIT: CA. 10 MINUTEN
2 PORTIONEN
CA. 380 KCAL JE PORTION

2 große saftige Orangen
300 g Sahnejogurt
4 EL gehackte Cashewkerne

1. Die Orangen sorgfältig schälen und das Fruchtfleisch in kleine Würfel schneiden.
2. Die Fruchtwürfel mit dem Jogurt mischen und die gehackten Cashewkerne darüber streuen.

Getoastetes Bananenbrot

Kohlenhydratgericht
Zubereitungszeit: ca. 10 Minuten
1 Portion
ca. 290 kcal je Portion

1 Scheibe Vollkornbrot
1 TL Butter
80 g Hüttenkäse
½ Banane

1. Das Brot im Toaster kurz anrösten und dünn mit der Butter bestreichen.
2. Den Hüttenkäse gleichmäßig darauf verteilen und mit der geschälten und in Scheiben geschnittenen Banane belegen.

Süßer Hirsebrei mit Rosinen

Kohlenhydratgericht
Zubereitungszeit: ca. 10 Minuten
1 Portion
ca. 410 kcal je Portion

¼ l Wasser
3 EL süße Sahne
50 g fein gemahlene Hirse
2 EL Rosinen
1 EL Ahornsirup

1. Das Wasser zusammen mit der süßen Sahne in einem kleinen Topf vorsichtig erwärmen.
2. Das Hirsemehl unter Rühren hineinstreuen, die Rosinen hinzufügen und alles kurz aufkochen lassen, bis ein Brei entsteht. Das Ganze mit dem Ahornsirup süßen.

Honigbrötchen

KOHLENHYDRATGERICHT
ZUBEREITUNGSZEIT: CA. 5 MINUTEN
1 PORTION
CA. 330 KCAL JE PORTION

1 Vollkornbrötchen
50 g Frischkäse
2 TL streichfähiger Honig

1. Das Brötchen in der Mitte durchschneiden und beide Hälften toasten.
2. Den Frischkäse auf beide Hälften gleichmäßig verteilen und mit dem Honig bestreichen.

Getoastetes Kräuterquarkbrötchen

KOHLENHYDRATGERICHT
ZUBEREITUNGSZEIT: CA. 10 MINUTEN
1 PORTION
CA. 250 KCAL JE PORTION

100 g Quark (20 % Fett i. Tr.)
3 EL Mineralwasser
etwas Meersalz
1 kleiner Bund Schnittlauch
1 Vollkornbrötchen
½ TL Paprikapulver, edelsüß

1. Den Quark mit dem Mineralwasser verrühren und mit dem Salz würzen.
2. Schnittlauch waschen, klein schneiden und unter den Quark mischen.
3. Das Brötchen halbieren, die Hälften toasten und anschließend den Quark darauf verteilen. Mit dem Paprikapulver bestäuben.

Vollkornbrot mit Hüttenkäse und Walnüssen

KOHLENHYDRATGERICHT
ZUBEREITUNGSZEIT: CA. 10 MINUTEN
1 PORTION
CA. 270 KCAL JE PORTION

1 Scheibe Vollkornbrot
1 TL Butter
80 g Hüttenkäse
3 Walnusskerne

1. Das Brot im Toaster kurz rösten und mit der Butter bestreichen.
2. Den Hüttenkäse mit der Gabel auflockern, auf dem Brot verteilen und mit den Walnusskernen bestreuen.

Fruchtiger Quark

EIWEISSGERICHT
ZUBEREITUNGSZEIT: CA. 10 MINUTEN
1 PORTION
CA. 280 KCAL JE PORTION

150 g Erdbeeren
2 TL Frutilose
100 g Quark (20 % Fett i. Tr.)
2 EL Mineralwasser
1 EL gehackte Mandeln

1. Die Erdbeeren waschen, putzen, klein schneiden und in ein Schälchen geben. Mit der Frutilose leicht süßen.
2. Den Quark mit dem Mineralwasser verrühren und auf den Erdbeeren verteilen. Mit den Mandeln bestreuen.

Winzerfrühstück

EIWEISSGERICHT
ZUBEREITUNGSZEIT: CA. 10 MINUTEN
1 PORTION
CA. 210 KCAL JE PORTION

150 g Weintrauben
100 g Hüttenkäse

1. Die Weintrauben waschen, halbieren und eventuelle Kerne entfernen.
2. Den Hüttenkäse in ein Schälchen geben und die Weintrauben darunter heben.

Tomaten mit Champignon-Käse-Füllung

EIWEISSGERICHT
ZUBEREITUNGSZEIT: CA. 55 MINUTEN
2 PORTIONEN
CA. 435 KCAL JE PORTION

4 große Tomaten
100 g frische Champignons
1 Zwiebel
1–2 Knoblauchzehen nach Belieben
1 EL Butter
100 g süße Sahne
100 g geriebener Parmesan
6 Blättchen fein gehacktes Basilikum
1 EL Kräuter der Provence (Trockenkräuter)
etwas Meersalz

1. Die Tomaten waschen, trockenreiben, jeweils oben einen Deckel abschneiden und das Fruchtfleisch vorsichtig mit einem Teelöffel herauslösen und beiseite stellen.
2. Die Pilze putzen, waschen, trockentupfen und feinwürfeln. Zwiebeln und Knoblauch schälen und beides fein hacken. Den Backofen auf 180° C vorheizen.
3. Pilz-, Zwiebel- und Knoblauchwürfel in der Butter dünsten. Alles etwas abkühlen lassen, dann Sahne, Käse, Basilikum und Kräuter darunter rühren. Die Tomaten damit füllen und den Rest beiseite stellen.
4. Das Tomatenfruchtfleisch mit dem Pürierstab zerkleinern und in eine flache Auflaufform geben. Die restliche Füllung darunter heben und alles mit Salz nachwürzen.
5. Die Tomaten in die Sauce geben, die Deckel darauf setzen und das Ganze auf der mittleren Schiene etwa 25 Minuten garen.

TIPPS:
Die gefüllten Tomaten eignen sich gut als Vorspeise zu einem „Eiweißmenü“. Zusammen mit einer neutralen Rohkost oder einem neutralen Salat ergeben sie aber auch ein prima Hauptgericht.

Fenchelgemüse „Italienisch"

EIWEISSGERICHT
ZUBEREITUNGSZEIT: CA. 1½ STUNDEN
2 PORTIONEN
CA. 335 KCAL JE PORTION

2 Fenchelknollen (ca. 400 g)
100 g sehr kleine, frische Champignons
1 Gemüsezwiebel
1 rote Paprikaschote
½ TL Meersalz
500 g reife Tomaten, vorzugsweise Eiertomaten
1 Knoblauchzehe
1 kleine, rote, frische Chilischote
je 1 TL fein gehackter Thymian und Majoran
2 TL fein gehackter Oregano
60 g frisch geriebener Parmesankäse

1. Den Fenchel putzen, waschen, trockentupfen, längs halbieren und quer in dünne Streifen schneiden. Das Grün beiseite legen. Die Champignons putzen, waschen und trockenreiben.
2. Die Zwiebel schälen, halbieren und in etwa ½ cm dicke Scheiben schneiden. Die Paprikaschote waschen, trockenreiben, halbieren, entkernen und grob würfeln. Das vorbereitete Gemüse miteinander mischen, salzen und in eine ausreichend große Auflaufform geben.
3. Die Tomaten über Kreuz einritzen, kurz in kochendem Wasser überbrühen, enthäuten, von den Stielansätzen befreien und vierteln. Den Knoblauch schälen und anschließend grob hacken. Die Chilischote waschen, trockentupfen, aufschlitzen und sorgfältig entkernen.
4. Den Backofen auf 180° C vorheizen. Tomaten, Knoblauch und Chilischote vermischen und alles mit einem Schneidstab pürieren. Die Masse mit den Kräutern abschmecken.
5. Das Tomatenpüree über das Fenchelgemüse geben. Die Form mit Alufolie verschließen und das Ganze im Ofen etwa 35 Minuten schmoren lassen.
6. Anschließend die Folie entfernen, das Gemüse umrühren, den Käse darüber streuen und alles weitere 15 bis 20 Minuten überbacken. Das Fenchelgrün fein hacken und über das fertige Gemüse streuen.

Gemüsespieße mit Sesam-Kokos-Sauce

EIWEISSGERICHT
ZUBEREITUNGSZEIT: CA. 35 MINUTEN
2 PORTIONEN
CA. 280 KCAL JE PORTION

FÜR DIE SPIESSE:
1 kleine gelbe Paprikaschote
1 große Zwiebel
1 kleiner Zucchini (ca. 80 g)
1 große Tomate
1 EL kaltgepresstes Olivenöl
½ TL Kräutersalz

FÜR DIE SAUCE:
2 EL Sesamsamen
2 EL Kokosraspel
4 EL Limettensaft
6 EL Jogurt (3,5 % Fett)
2 TL Ahornsirup
etwas Meersalz
½ TL Cayennepfeffer
½ TL Kurkumapulver (Gelbwurz)
½ TL gemahlener Koriander
evtl. einige Korianderblättchen

1. Die Paprikaschote waschen, vierteln, entkernen und die Viertel quer halbieren. Die Zwiebel schälen und in Achtel schneiden. Den Zucchini waschen, putzen und quer in 8 Stücke schneiden. Die Tomate waschen, vierteln, entkernen und den Stielansatz herausschneiden. Die Viertel quer halbieren.
2. Das Gemüse in bunter Reihe auf 4 Schaschlikspieße stecken. Mit dem Öl einpinseln und mit Kräutersalz bestreuen. Die Spieße in einer beschichteten Pfanne rundherum braun braten oder im Elektrogrill grillen.
3. Inzwischen für die Sauce den Sesam und die Kokosraspel in einer Pfanne ohne Fett anrösten. Anschließend beides mit Limettensaft, Jogurt, Ahornsirup, Meersalz, Cayennepfeffer, Kurkuma und Koriander verrühren.
4. Die Sauce eventuell mit zerpflückten Korianderblättchen bestreuen und zu den Spießen servieren.

Gefüllte Käseküchlein

KOHLENHYDRATGERICHT
ZUBEREITUNGSZEIT: CA. 60 MINUTEN
FÜR CA. 15 STÜCK
CA. 95 KCAL JE STÜCK

FÜR DEN TEIG:
125 g Quark (20 % Fett i. Tr.)
1 frisches Eigelb
50 g fein gemahlene Hirse
90 g feines Dinkelvollkornmehl
½ TL Meersalz
1 TL gerebelter Oregano
½ Bund Blattpetersilie

FÜR DIE FÜLLUNG:
ca. 60 g reifer Camembert
(mind. 60 % Fett i. Tr.)
ca. 60 g Doppelrahmfrischkäse
3 Radieschen
1½ EL Schnittlauchröllchen

AUSSERDEM:
etwas weiche Butter für das Blech
1 kleines, frisches Eigelb
1–2 EL Kümmelsamen

1. Den Quark zusammen mit dem Eigelb verrühren und nach und nach Dinkelvollkornmehl und die gemahlene Hirse hinzufügen. Den Teig mit Salz und Oregano würzen.
2. Den Backofen auf 180° C vorheizen. Die Petersilie waschen, trockentupfen, fein hacken und unter den Teig kneten.
3. Aus dem Teig etwa 15 kleine Kugeln formen, diese leicht flach drücken und auf ein gefettetes Backblech setzen.
4. Das Eigelb zusammen mit der Sahne verquirlen und die Küchlein damit bestreichen. Sie nach Belieben mit dem Kümmel bestreuen und auf der mittleren Schiene etwa ½ Stunde backen.
5. Inzwischen den Camembert mit der Gabel zerdrücken und den Frischkäse darunter rühren. Die Radieschen putzen, waschen, trockenreiben, in feine Würfel schneiden und zusammen mit dem Schnittlauch zur Käsecreme geben.
6. Die Küchlein aus dem Ofen nehmen, etwas auskühlen lassen, halbieren, mit der Käsemasse bestreichen und dann wieder zusammensetzen.

TIPP:
Die Käseküchlein bieten sich auch prima als Partysnack an. Vervielfachen Sie die Zutatenmenge einfach entsprechend.

Zucchinigemüse „Sardische Art“

Eiweissgericht
Zubereitungszeit: ca. 20 Minuten
2 Portionen
ca. 160 kcal je Portion

2 feste Zucchini (ca. 400 g)
1 große Zwiebel
1½ EL kaltgepresstes Olivenöl
100 g aufgetaute TK-Maiskörner
2 EL Zitronensaft
etwas Meersalz
1–2 EL frische Oreganoblättchen

1. Die Zucchini putzen, waschen, trockenreiben und zunächst der Länge nach in etwa 1 cm dicke Scheiben, dann quer in fingerdicke Stifte schneiden. Die Zwiebel schälen und würfeln.
2. Das Öl in einer Pfanne erhitzen und zunächst die Zwiebel darin anbraten. Die Zucchini dazugeben und beides unter Wenden so lange braten, bis das Gemüse leicht braun ist.
3. Das Gemüse etwas abkühlen lassen und den Mais hinzufügen. Alles mit dem Zitronensaft beträufeln, mit Salz abschmecken und den Oregano darüber streuen.

Tipp:
Das Zucchinigemüse gibt auch eine leckere Beilage zu einem Eiweißgericht.

Käse-Tomaten-Brote mit aufgeschnittenen Tomaten

Kohlenhydratgericht
Zubereitungszeit: ca. 20 Minuten
2 Portionen
ca. 270 kcal je Portion

2 große Scheiben Vollkornbrot
3 EL Butter oder ungehärtete Margarine
8 kleine Scheiben Käse (60 % Fett i. Tr.), z.B. Butterkäse
2 Fleischtomaten
Kräutersalz
4 EL Schnittlauchröllchen

Für den Salat:
6 Tomaten
Salz
2 EL fein gehackte Petersilie

1. Die Brote mit Butter oder Margarine bestreichen, dann mit dem Käse belegen.
2. Zwei Tomaten waschen, putzen, in Scheiben schneiden und auf den Käse legen. Alles mit Salz würzen und mit dem Schnittlauch bestreuen.
3. Die restlichen Tomaten waschen, putzen und in Scheiben schneiden, salzen und mit der Petersilie bestreuen.

Käsebrote

KOHLENHYDRATGERICHT
ZUBEREITUNGSZEIT: CA. 15 MINUTEN
2 PORTIONEN
CA. 330 KCAL JE PORTION

6 Radieschen
2 große Scheiben Vollkornbrot
2 EL Butter
80 g Rahmcamembert
4 EL Schnittlauchröllchen

1. Die Radieschen waschen, putzen und in dünne Scheiben schneiden.
2. Die Brote mit der Butter bestreichen und mit dem Käse und den Radieschen belegen.
3. Die Brote mit dem Schnittlauch garnieren.

Apfelpfannkuchen

KOHLENHYDRATGERICHT
QUELLZEIT: CA. 15 MINUTEN
ZUBEREITUNGSZEIT: CA. 10 MINUTEN
2 PORTIONEN
CA. 640 KCAL JE PORTION

FÜR DIE PFANNKUCHEN:
120 g feines Dinkel- oder Weizenvollkornmehl
2 TL Weinsteinbackpulver
250 ml Wasser
6 EL süße Sahne
2 frische Eigelbe
etwas Meersalz
4 EL Butter

FÜR DEN BELAG:
2 kleine mürbe Äpfel

1. Das Mehl mit dem Backpulver mischen. Wasser, die Sahne, Salz und die Eigelbe hinzufügen und zu einem dünnflüssigen Teig verrühren. Quellen lassen.
2. In der Zwischenzeit die Äpfel vierteln, schälen und das Kerngehäuse entfernen. Das Fruchtfleisch in Spalten teilen und unter den Teig rühren.
3. Einen EL Butter in einer Pfanne schmelzen lassen, ein Viertel des Pfannkuchenteigs hineingeben. Bei mittelstarker Hitzezufuhr 1 bis 2 Minuten backen. Wenden und nochmals 1 bis 2 Minuten backen. So auch die drei weiteren Pfannkuchen zubereiten und heiß essen.

Getoastete Schnittlauchcremebrötchen

KOHLENHYDRATGERICHT
ZUBEREITUNGSZEIT: CA. 10 MINUTEN
2 PORTIONEN
CA. 360 KCAL JE PORTION

100 g Frischkäse
100 g Quark (20 % Fett i. Tr.)
etwas Meersalz
1 kleiner Bund Schnittlauch
3 Vollkornbrötchen
2 TL Paprikapulver, edelsüß

1. Den Frischkäse mit dem Quark verrühren und mit dem Salz würzen.
2. Den Schnittlauch waschen, klein schneiden und unter die Käsecreme mischen.
3. Die Brötchen halbieren, die Hälften toasten und die Schnittlauchcreme darauf verteilen. Mit dem Paprikapulver bestäuben.

TIPP:
Essen Sie dazu einen Salat aus der neutralen Gruppe (Seite 49–54).

Apfelkompott

KOHLENHYDRATGERICHT
ZUBEREITUNGSZEIT: CA. 30 MINUTEN
2 PORTIONEN
CA. 95 KCAL JE PORTION

4–5 mürbe Äpfel (500 g küchenfertig)
150 ml Wasser
½ TL gemahlener Zimt
2 EL Frutilose

1. Die Äpfel vierteln, schälen und die Kerngehäuse entfernen. Die Apfelstücke zusammen mit 150 ml Wasser in einen Topf geben. Den Zimt hinzufügen und alles etwa 10 Minuten köcheln lassen.
2. Die Apfelstücke aus dem Topf nehmen, etwas abkühlen lassen und mit der Frutilose leicht süßen.

Heidelbeerdickmilch

EIWEISSGERICHT
ZUBEREITUNGSZEIT: CA. 10 MINUTEN
2 PORTIONEN
CA. 360 KCAL JE PORTION

300 g frische Heidelbeeren oder TK
350 g Sahnedickmilch
Saft einer halben Orange
2 EL Mandelblättchen

1. Die Beeren in ein Schälchen geben. Die Dickmilch mit dem Orangensaft glatt rühren und darüber gießen.
2. Die Mandelblättchen in einer Pfanne ohne Fettzugabe goldgelb rösten und über die Dickmilch streuen.

Hirsejogurt mit Heidelbeeren

KOHLENHYDRATGERICHT
ZUBEREITUNGSZEIT: CA. 35 MINUTEN
2 PORTIONEN
CA. 340 KCAL JE PORTION

80 g Hirse
400 ml Wasser
250 g Heidelbeeren
300 g Jogurt (3,5 % Fett)
2 EL Ahornsirup

1. Die Hirse heiß abspülen, in dem Wasser zum Kochen bringen und zugedeckt, unter gelegentlichem Umrühren, bei geringer Hitze etwa 30 Minuten quellen lassen; anschließend auskühlen lassen.
2. In der Zwischenzeit die Beeren waschen und verlesen. Sie dann mit einer Gabel zerdrücken und unter den Jogurt geben.
3. Die abgekühlte Hirse untermischen und alles mit dem Ahornsirup süßen.

Fruchtiger Sahnereis

KOHLENHYDRATGERICHT
QUELLZEIT: CA. 8 STUNDEN
ZUBEREITUNGSZEIT: CA. 30 MINUTEN
2 PORTIONEN
CA. 510 KCAL JE PORTION

FÜR DEN REIS:
120 g Naturrundkornreis
300 ml Wasser
100 ml süße Sahne

FÜR DIE SAUCE:
250 g frische Heidelbeeren (oder TK)
4 EL Ahornsirup

1. Den Reis mit Wasser bedecken und für etwa 8 Stunden oder über Nacht quellen lassen.
2. Danach das Wasser abgießen. Die Sahne mit 300 ml Wasser verdünnen, zum Reis geben und das Ganze bei geringer Hitzezufuhr im geschlossenen Topf etwa 25 Minuten garen. Anschließend erkalten lassen.
3. In der Zwischenzeit von den Heidelbeeren einige Früchte für die Dekoration beiseite legen. Dann die restlichen Heidelbeeren mit dem Schneidstab pürieren und mit dem Ahornsirup süßen.
4. Die Heidelbeersauce auf dem Reis anrichten und mit den restlichen Beeren garnieren.

Möhrenbuttermilch

NEUTRALES GERICHT
ZUBEREITUNGSZEIT: CA. 10 MINUTEN
1 PORTION
CA. 150 KCAL JE PORTION

1 Möhre
2 TL Honig
200 ml Buttermilch

1. Die Möhre putzen, schaben, waschen und in grobe Stücke schneiden.
2. Dann die Möhrenstücke zusammen mit dem Honig und der Buttermilch im Mixer pürieren. Zum Schluss die Möhrenbuttermilch in ein Glas füllen und kalt servieren.

Fruchtige Kefirspeise

Eiweissgericht
Zubereitungszeit: ca. 25 Minuten
2 Portionen
ca. 320 kcal je Portion

8 Blatt weiße Gelatine
300 g geputzte Erdbeeren
300 g Kefir
5 EL Frutilose
6 Erdbeeren zum Garnieren

1. Die Gelatine für etwa 10 Minuten in kaltem Wasser quellen lassen.
2. Inzwischen die Erdbeeren mit dem Schneidstab pürieren. Das Erdbeerpüree dann mit dem Kefir und der Frutilose verrühren.
3. Nun die Gelatine ausdrücken und in einem Topf bei geringer Hitzezufuhr auflösen. Sie dann in einem dünnen Strahl in die Kefirmischung gießen und gut darunter rühren. Das Dessert in Gläser füllen und im Kühlschrank erstarren lassen. Es dann mit den frischen Erdbeeren garnieren.

Früchte-Cocktail

Eiweissgericht
Zubereitungszeit: ca. 20 Minuten
2 Portionen
ca. 390 kcal je Portion

Für die Sauce:
250 g Himbeeren
(eventuell tiefgekühlt)
2 EL Frutilose
2 EL Himbeergeist

Für den Cocktail:
125 g Brombeeren
125 g Johannisbeeren
125 g Erdbeeren
1 EL Zitronensaft
2 EL Frutilose
250 g Quark (20 % Fett i. Tr.)
4 EL Mineralwasser

1. Für die Sauce die Himbeeren gegebenenfalls waschen, dann mit dem Schneidstab pürieren und durch ein Sieb streichen. Das Himbeermus mit Frutilose und Himbeergeist verrühren.
2. Für den Cocktail die Beeren verlesen, waschen und in einer Schüssel mit Zitronensaft und Frutilose vorsichtig mischen.
3. Den Quark mit dem Mineralwasser cremig rühren und in 2 Dessertgläser füllen. Die Früchte auf den Quark geben und mit der Himbeersauce begießen.

Süße Erdbeerspeise

EIWEISSGERICHT
ZUBEREITUNGSZEIT: CA. 10 MINUTEN
2 PORTIONEN
CA. 180 KCAL JE PORTION

500 g Erdbeeren
4 EL Ahornsirup
175 g Sahnedickmilch

1. Die Erdbeeren waschen, putzen, klein schneiden und in ein Schälchen geben. Mit dem Ahornsirup beträufeln und etwas ziehen lassen.
2. Die Sahnedickmilch mit dem Schneebesen cremig schlagen und die Erdbeeren darunter rühren.

Orangen-Sahne-Eis

EIWEISSGERICHT
ZUBEREITUNGSZEIT: CA. 30 MINUTEN
ZEIT ZUM GEFRIEREN: 1½–2 STUNDEN
2 PORTIONEN
CA. 475 KCAL JE PORTION

Saft von 3 Blutorangen (ca. 150 ml)
ca. 1 EL Frischkäse
6 EL Frutilose (Obstdicksaft aus dem Reformhaus)
150 g Sahnejogurt
75 g steif geschlagene Sahne
1 Blutorange
6 Minzeblättchen

1. Den Orangensaft durch ein Sieb geben, mit dem Käse und der Frutilose cremig rühren, Jogurt und steif geschlagene Sahne darunter ziehen.
2. Die Orangencreme in eine Metallschüssel geben und für 1½ bis 2 Stunden in das Tiefkühlfach stellen. Etwa alle 20 Minuten die Eiskristalle mit einem Schneebesen von der Oberfläche sowie vom Schüsselrand unter die Eismasse schlagen.
3. Von der Orange oben und unten den Deckel abschneiden. Die Schale von oben nach unten so abschneiden, dass auch die weiße Haut entfernt wird. Dann die Orangenfilets aus den Trennhäuten herausschneiden.
4. Das Eis auf 2 Desserttellerchen oder -schalen anrichten und mit den Orangenfilets sowie den Minzeblättchen garnieren.

Pflaumengrütze

EIWEISSGERICHT
ZUBEREITUNGSZEIT: CA. 30 MINUTEN
ZEIT ZUM ZIEHEN: CA. 30 MINUTEN
2 PORTIONEN
CA. 230 KCAL JE PORTION

250 g frische Pflaumen
2 EL Frutilose (Obstdicksaft aus dem Reformhaus)
1 TL weißer Rum
1 Zimtstange
1 Nelke
2–3 Messlöffel pflanzliches Bindemittel (z.B. Nestargel aus dem Reformhaus)
ca. 4 EL geschlagene süße Sahne

1. Die Pflaumen waschen, entsteinen, in kleine Stücke schneiden, in einen Topf geben und zusammen mit Frutilose, Rum, Zimt und Nelke vermischen. Das Ganze für etwa 30 Minuten Saft ziehen lassen.
2. Die Pflaumen anschließend mit etwa ½ l Wasser auffüllen und alles unter Rühren aufkochen.
3. Die Grütze nach Belieben binden. Dafür den Topf vom Herd nehmen, das Bindemittel hineinrühren und alles nochmals kurz aufkochen lassen.
4. Die Pflaumengrütze in Dessertschüsselchen füllen, dabei Zimt und Nelke entfernen, das Ganze abkühlen lassen und kalt stellen.
5. Die Grütze kurz vor dem Servieren mit Sahnetupfern garnieren.

VARIATION:
Statt der Pflaumen können Sie auch gleiche Mengen Pfirsiche, Nektarinen, Birnen oder 2 mittelgroße Orangen verwenden.

Jogurt-Beeren-Creme

EIWEISSGERICHT
ZUBEREITUNGSZEIT: CA. 30 MINUTEN
KÜHLZEIT: MIND. 2 STUNDEN
2 PORTIONEN
CA. 320 KCAL JE PORTION

150 g frische, reife Beeren (z.B. Johannisbeeren, Himbeeren, Brombeeren)
40 g süße Sahne
1 frisches Eigelb
2½ EL Frutilose (Obstdicksaft aus dem Reformhaus)
2 Blatt weiße Gelatine
150 g Sahnejogurt

1. Die Beeren verlesen, eventuell von den Stielen befreien, waschen, einige schöne Beeren beiseite legen, den Rest pürieren und durch ein feines Sieb streichen.
2. Die Sahne zusammen mit etwa 60 ml Wasser in einer Metallschüssel (z.B. einem Schlagkessel) vermischen. Das Eigelb und die Frutilose mit einem Schneebesen unter die Sahne-Wasser-Mischung rühren.

3. Das Ganze in einem Wasserbad bei mäßiger Hitze mit dem Schneebesen so lange schlagen, bis eine leicht dickliche Masse entstanden ist. Die Creme langsam unter das Beerenpüree ziehen.
4. Die Gelatine für etwa 5 Minuten in kaltem Wasser einweichen. Inzwischen den Jogurt glatt rühren und unter die Beerencreme heben.
5. Die Gelatine gut ausdrücken, bei geringer Hitze in einem kleinen Topf schmelzen lassen, dann nach und nach unter die Jogurt-Beeren-Creme rühren.
6. Das Ganze in 2 Dessertgläser füllen und für mindestens 2 Stunden kalt stellen. Zum Schluss das Dessert mit den restlichen Beeren garnieren.

Tipp:
Verwenden Sie außerhalb der Beerensaison (Juni bis September) einfach TK-Beerenmischungen.

Marmorierte Brombeercreme

Eiweißgericht
Zubereitungszeit: ca. 30 Minuten
Zeit zum Gelieren: ca. 1½ Stunden
2 Portionen
ca. 525 kcal je Portion

250 g frische Brombeeren (oder TK-Ware)
2 Blatt weiße Gelatine
4 EL Frutilose (Obstdicksaft aus dem Reformhaus)
100 g süße Sahne

1. Die Brombeeren verlesen, waschen, etwa 4 schöne Beeren beiseite legen, den Rest in einen Topf geben und zusammen mit etwa 5 EL Wasser kurz aufkochen lassen.
2. Die Gelatine für etwa 5 Minuten in kaltem Wasser einweichen. Das Brombeermus durch ein Sieb streichen und mit der Frutilose süßen.
3. Die Gelatine gut ausdrücken, bei geringer Hitze in einem kleinen Topf schmelzen lassen, dann in das Brombeermus einrühren. Das Ganze zum Gelieren 1½ Stunden kalt stellen.
4. Danach die Sahne steif schlagen und unregelmäßig unter die Creme ziehen. Dabei etwa 2 EL Sahne zurückbehalten.
5. Das Ganze in 2 Dessertgläser geben und dann mit je einem Klecks Sahne und den Brombeeren verzieren.

Himbeermousse

EIWEISSGERICHT
ZUBEREITUNGSZEIT: CA. 30 MINUTEN
KÜHLZEIT: CA. 1½ STUNDEN
2 PORTIONEN
CA. 305 KCAL JE PORTION

250 g frische Himbeeren
4 Blatt weiße Gelatine
80 g süße Sahne
2 frische Eigelbe
6 EL Frutilose (Obstdicksaft aus dem Reformhaus)
gut 4 EL steif geschlagene süße Sahne
6 Minzeblättchen

1. Die Himbeeren verlesen, waschen, einige schöne Beeren beiseite legen, den Rest pürieren und durch ein Sieb streichen. Die Gelatine für etwa 5 Minuten in kaltem Wasser einweichen.
2. Die flüssige Sahne zusammen mit etwa 120 ml Wasser in einer Metallschüssel (z.B. einen Schlagkessel) verrühren. Die Eigelbe und die Frutilose mit einem Schneebesen in die Sahne-Wasser-Mischung einrühren.
3. Das Ganze in einem Wasserbad bei mäßiger Hitze mit dem Schneebesen so lange aufschlagen, bis eine leicht dickliche Masse entstanden ist. Die Creme abkühlen lassen und langsam unter das Himbeerpüree ziehen.
4. Die Gelatine gut ausdrücken und bei geringer Hitze in einem kleinen Topf schmelzen lassen, nach und nach unter die Himbeermousse rühren. Danach die geschlagene Sahne darunter ziehen.
5. Die Mousse in 2 Dessertgläser füllen, ungefähr 1½ Stunden kalt stellen und anschließend mit den restlichen Himbeeren sowie den Minzeblättchen garnieren.

TIPP:
Statt frischer Himbeeren kann die gleiche Menge TK-Ware genommen werden.

Feldsalat mit fruchtiger Sauce

EIWEISSGERICHT
ZUBEREITUNGSZEIT: CA. 30 MINUTEN
2 PORTIONEN
CA. 300 KCAL JE PORTION

FÜR DEN SALAT:
125 g junger Feldsalat
2 EL ungeschwefelte Rosinen
3 Möhren

FÜR DIE SAUCE:
1 säuerlicher Apfel (z.B. Boskop)
1 EL Zitronensaft
Saft von 1 Orange
175 g Sahnedickmilch
1 EL Frutilose (Obstdicksaft aus dem Reformhaus)
1 TL Kräutersalz
1 Msp. Cayennepfeffer

AUSSERDEM:
2 EL Sonnenblumenkerne

1. Den Salat verlesen, putzen, gründlich waschen und trockenschwenken. Dabei sollten die Salatpflänzchen möglichst ganz bleiben.
2. Die Rosinen heiß abspülen und gut abtropfen lassen. Die Möhren putzen, schaben, fein raspeln und zusammen mit den Rosinen zum Salat geben.
3. Für die Sauce den Apfel schälen, vierteln, das Kerngehäuse herausschneiden und die Apfelstücke sehr fein raspeln. Alles sofort mit Zitronensaft beträufeln, damit sich die Äpfel nicht bräunlich verfärben.
4. Den Orangensaft mit der Dickmilch gut verrühren. Den geriebenen Apfel hinzufügen und alles mit der Frutilose, dem Kräutersalz und dem Cayennepfeffer würzig abschmecken.
5. Die Sauce über den Salat gießen und das Ganze mit den Sonnenblumenkernen bestreuen.

Rohkostsalat „Jamaika“

EIWEISSGERICHT
ZUBEREITUNGSZEIT: CA. 30 MINUTEN
2 PORTIONEN
CA. 380 KCAL JE PORTION

FÜR DIE ROHKOST:
1 Kolben Schikoree
1 kleine Fenchelknolle
2 Möhren
100 g Radicchioblätter
½ frische Ananas

FÜR DIE SAUCE:
1 EL kaltgepresstes Sonnenblumenöl
100 ml Wasser
2 EL Zitronensaft
etwas Meersalz
4 EL süße Sahne
1 TL Frutilose (Obstdicksaft aus dem Reformhaus)
2 EL ungeschwefelte Rosinen
2 EL frisch geriebenes Kokosnussfleisch

1. Den Schikoree putzen, waschen, trockenreiben, längs halbieren und den bitteren Strunk keilförmig herausschneiden. Ein paar schöne Blätter beiseite legen, die restlichen quer in kleine Stücke schneiden.
2. Den Fenchel putzen, waschen, trockenreiben, halbieren und quer in sehr feine Streifen schneiden. Die Möhren putzen, waschen und fein raspeln.
3. Den Radicchio putzen, waschen, trockentupfen und in mundgerechte Stücke zupfen. Die Ananas schälen, der Länge nach achteln und das Fruchtfleisch quer in kleine Stücke schneiden.
4. Die Schikoreeblätter auf 2 Teller legen, das vorbereitete Gemüse darauf anrichten und die Ananasstücke darauf geben.
5. Das Öl zusammen mit etwa 100 ml Wasser und dem Zitronensaft verrühren. Alles mit Salz abschmecken und mit Sahne sowie Frutilose verfeinern.
6. Die Rosinen kurz abspülen, abtropfen lassen, hinzufügen und alles über die Rohkost geben. Die Kokosnussraspeln darüber streuen.

TIPP:
An Stelle der Ananas können Sie auch andere exotische Früchte, wie z.B. Mangos, Kiwis oder Melonen verwenden.

Apfel-Möhren-Sellerie-Rohkost

EIWEISSGERICHT
ZUBEREITUNGSZEIT: CA. 30 MINUTEN
2 PORTIONEN
CA. 450 KCAL JE PORTION

FÜR DIE ROHKOST:
2 säuerliche Äpfel (z.B. Boskop)
2 EL Zitronensaft
3 Möhren
2 Stangen Staudensellerie
2 EL Frutilose (Obstdicksaft aus dem Reformhaus)

FÜR DIE SAUCE:
150 g Jogurt (3,5 % Fett)
2 EL süße Sahne
1 EL frisch geriebener Ingwer
3 EL Frutilose (Obstdicksaft aus dem Reformhaus)

AUSSERDEM:
je 2 EL Sonnenblumenkerne und Kokosraspeln

1. Die Äpfel waschen, trockenreiben, vierteln, das Kerngehäuse herausschneiden, das Fruchtfleisch grob raspeln und sofort mit dem Zitronensaft beträufeln.
2. Die Möhren putzen, schaben, waschen und ebenfalls grob raspeln. Vom Sellerie die Fäden abziehen, die Stangen waschen, trockenreiben und in hauchdünne Scheiben schneiden.
3. Die vorbereiteten Zutaten mischen und mit Frutilose leicht süßen.
4. Für die Sauce Jogurt, Sahne, Ingwer und Frutilose verrühren, alles auf die Rohkost geben und das Ganze mit den Sonnenblumenkernen und den Kokosraspeln bestreuen.

TIPP:
Zur Rohkost passt gut ein frischer Orangensaft.

Fenchel-Orangen-Salat

EIWEISSGERICHT
ZUBEREITUNGSZEIT: CA. 25 MINUTEN
2 PORTIONEN
CA. 450 KCAL JE PORTION

FÜR DEN SALAT:
2 kleine Fenchelknollen
1 kleine Salatgurke
2 süße Orangen

FÜR DIE SAUCE:
Saft von 2 süßen Orangen
150 g Sahnedickmilch
1 TL Kräutersalz
1 TL Frutilose (Obstdicksaft aus dem Reformhaus)
je 2 EL gehackte Mandeln und ungeschwefelte Rosinen

1. Die Fenchelknollen putzen, waschen, trockenreiben, halbieren und quer in hauchdünne Streifen schneiden. Die Gurke schälen und grob raspeln.
2. Die Orangen sorgfältig schälen, dabei auch die weiße Haut entfernen. Die Fruchtfilets mit einem Messer aus den feinen Trennhäutchen herausschneiden.
3. Für die Sauce den Orangensaft zusammen mit der Dickmilch verrühren und alles mit Salz und Frutilose abschmecken.
4. Die Sauce mit den vorbereiteten Salatzutaten mischen. Den Salat mit den Mandeln und den Rosinen bestreuen.

VARIATION:
Heben Sie einige geviertelte Cocktailtomaten unter den Salat. Diese geben ihm optisch und geschmacklich eine besondere Note.

Bohnensalat mit Schafskäse

NEUTRALES GERICHT
ZUBEREITUNGSZEIT: CA. 30 MINUTEN
2 PORTIONEN
CA. 440 KCAL JE PORTION

FÜR DEN SALAT:
400 g grüne Bohnen
etwas Meersalz
2 Stängel Bohnenkraut
400 g Tomaten
1 Zwiebel

FÜR DIE SAUCE:
je 1 Stiel Thymian, Rosmarin und Basilikum
2 EL vergorenes Molkekonzentrat (Molkosan)
200 ml Wasser
2 EL Olivenöl
1½ TL Kräutersalz

ZUM GARNIEREN:
12 schwarze Oliven
120 g Schafskäse

1. Die Bohnen waschen, putzen und in leicht gesalzenem Wasser zusammen mit dem Bohnenkraut etwa 18 Minuten garen.
2. Die Tomaten waschen, die Stielansätze entfernen und das Fruchtfleisch in Scheiben schneiden. Die Zwiebel schälen und in dünne Ringe schneiden.
3. Für die Sauce die Kräuter waschen, trockenschütteln, von den Stielen zupfen und grob hacken. Das Molkekonzentrat mit dem Wasser verdünnen und das Öl darunter schlagen. Kräutersalz und Kräuter zufügen.
4. Nun die Bohnen abgießen und zusammen mit den Tomaten anrichten. Die Kräutersauce und die Oliven darüber geben. Den Schafskäse in Würfel schneiden, auf den Salat legen und abschließend alles mit den Zwiebelringen garnieren.

Blumenkohlsalat

Neutrales Gericht
Zubereitungszeit: ca. 25 Minuten
2 Portionen
ca. 250 kcal je Portion

Für den Salat:
1 Blumenkohl
1 TL Meersalz

Für die Sauce:
1 Zwiebel
2 EL kaltgepresstes Sonnenblumenöl
1 EL vergorenes Molkekonzentrat (Molkosan)
160 ml Wasser
1½ TL Kräutersalz
4 EL saure Sahne
2 TL Paprikapulver, edelsüß

1. Den Blumenkohl putzen, waschen und in kleine Röschen teilen. Das Gemüse in leicht gesalzenem Wasser in 15 bis 18 Minuten garen. Die Röschen aus dem Wasser nehmen und abkühlen lassen.
2. Inzwischen für die Sauce die Zwiebel schälen, sehr fein würfeln und mit dem Öl, dem Molkekonzentrat und dem Wasser verrühren. Das Kräutersalz unter die Sauce rühren und alles mit der sauren Sahne verfeinern.
3. Die Sauce über den Blumenkohl gießen und zum Schluss mit etwas Paprikapulver bestäuben.

Rohkostplatte

Neutrales Gericht
Zubereitungszeit: ca. 20 Minuten
2 Portionen
ca. 130 kcal je Portion

Für den Salat:
3 Möhren
1 kleiner Rettich
100 g Champignons
1 kleine Salatgurke
1 rote Paprikaschote
Petersilie zum Garnieren

Für die Sauce:
1 EL kaltgepresstes Sonnenblumenöl
½ TL Meersalz
1 TL vergorenes Molkekonzentrat (Molkosan)
5–6 EL Wasser

1. Die Möhren und den Rettich schälen, waschen und getrennt raspeln.
2. Die Champignons putzen, kurz waschen und in dünne Scheiben schneiden.
3. Die Gurke schälen und hobeln.
4. Die Paprikaschote waschen, putzen und in kleine Streifen schneiden.
5. Jeweils in die Mitte von zwei Tellern ein Häufchen geraspelter Möhren geben. Die anderen Rohkostzutaten einzeln rundherum anrichten.
6. Alle Saucenzutaten miteinander verrühren, die Sauce über die Rohkost geben und diese mit der gewaschenen Petersilie garnieren.

Pilzsalat

NEUTRALES GERICHT
ZUBEREITUNGSZEIT: CA. 35 MINUTEN
2 PORTIONEN
CA. 240 KCAL JE PORTION

FÜR DEN SALAT:
400 g grüne Bohnen
etwas Meersalz
250 g Champignons
1½ EL Butter
2 TL Pizzagewürz
1–2 TL vegetarische Gemüsebrühe (Instantpulver)
4 Tomaten
1 rote Paprikaschote

FÜR DIE SAUCE:
1 EL kaltgepresstes Olivenöl
1 EL vergorenes Molkekonzentrat (Molkosan)
80 ml Wasser
1 TL Kräutersalz

AUSSERDEM:
1 EL gehackte glatte Petersilie

1. Die Bohnen putzen, kurz waschen, wenn nötig abfädeln und in 3 cm lange Stücke schneiden. In wenig leicht gesalzenem Wasser in 15 bis 18 Minuten bissfest garen.
2. In der Zwischenzeit die Champignons putzen, kurz waschen und in feine Scheiben schneiden.
3. Die Butter in einer Pfanne schmelzen lassen und die Pilze bei mittlerer Hitze von allen Seiten so lange braten, bis sie leicht Farbe angenommen haben. Mit dem Pizzagewürz und der vegetarischen Gemüsebrühe abschmecken, dann auskühlen lassen.
4. Die Tomaten waschen. Die Paprikaschote putzen und waschen. Das Gemüse in schmale Streifen schneiden.
5. Die Bohnen abgießen und mit Pilzen, Tomaten und Paprika auf zwei Tellern anrichten.
6. Für die Sauce das Olivenöl mit dem Molkekonzentrat und 80 ml Wasser verrühren und mit Kräutersalz abschmecken.
7. Die Sauce über den Salat geben. Mit Petersilie garnieren.

Kohlrabisalat

Neutrales Gericht
Zubereitungszeit: ca. 15 Minuten
2 Portionen
ca. 200 kcal je Portion

3 Kohlrabiknollen (600 g)
150 g saure Sahne
60 ml Wasser
1 EL vergorenes Molkekonzentrat (Molkosan)
1 TL Kräutersalz
1 TL Frutilose
3 EL fein gehackte Kräuter (Petersilie, Schnittlauch, Dill)
2 EL Sonnenblumenkerne

1. Die Kohlrabi schälen, waschen und grob raspeln.
2. Die saure Sahne mit 60 ml Wasser, Molkosan, Kräutersalz und Frutilose glatt rühren.
3. Die Sauce über die Kohlrabiraspeln gießen und den Salat mit Kräutern und Sonnenblumenkernen bestreuen.

Bunter Sprossensalat

Neutrales Gericht
Zubereitungszeit: ca. 25 Minuten
2 Portionen
ca. 215 kcal je Portion

1 Chinakohl (250 g küchenfertig)
150 g frische Champignons
150 g Sojabohnensprossen
3 Tomaten

Für die Sauce:
2 TL vergorenes Molkekonzentrat (Molkosan)
6 EL saure Sahne
1 TL Kräutersalz
3 EL gemischte, gehackte Kräuter (Basilikum, Petersilie, Sauerampfer)
1 EL kaltgepresstes Sonnenblumenöl

Ausserdem:
5 Walnusskerne

1. Den Chinakohl in Streifen und die Champignons in Scheiben schneiden.
2. Die Sojabohnensprossen sorgfältig waschen und abtropfen lassen.
3. Die Stielansätze der Tomaten entfernen und sie achteln. Das vorbereitete Gemüse mischen.
4. Nun das Molkekonzentrat mit der sauren Sahne, 5 EL Wasser und dem Kräutersalz verrühren. Die Kräuter und das Öl darunter mischen und die Sauce über den Salat gießen. Die Walnüsse gehackt oder im Ganzen darüber streuen.

Sommersalat mit Sprossen

Neutrales Gericht
Zubereitungszeit: ca. 25 Minuten
2 Portionen
ca. 210 kcal je Portion

½ Salatgurke
1 kleine Zwiebel
3 Tomaten
150 g Mungo- oder Sojabohnensprossen
6 EL TK-Maiskörner

Für die Sauce:
150 g Sahnedickmilch
2 TL vergorenes Molkekonzentrat (Molkosan)
1 TL Currypulver
1 TL Kräutersalz

Ausserdem:
3 kleine Dillzweige

1. Dic Gurke schälen, längs vierteln und in Stücke schneiden.
2. Die Zwiebeln schälen und in Ringe schneiden.
3. Die Stielansätze der Tomaten entfernen und das Fruchtfleisch würfeln.
4. Die Mungo- und Sojabohnensprossen gut waschen, abtropfen lassen und zusammen mit den aufgetauten Maiskörnern zu der Gurke geben.
5. Die Zwiebelringe und die Tomatenstückchen darunter mischen.
6. Nun die Sahnedickmilch glatt rühren und mit 3 EL Wasser verdünnen.
7. Das Molkekonzentrat, den Curry und das Kräutersalz hineinrühren, die Sauce über die Salatzutaten gießen und alles mit Dill garnieren.

Italienischer Salat

Neutrales Gericht
Zubereitungszeit: ca. 30 Minuten
2 Portionen
ca. 145 kcal je Portion

Für den Salat:
1 kleiner Eisbergsalat
3 Tomaten
1 Zwiebel
1 Salatgurke

Für die Sauce:
1½ EL vergorenes Molkekonzentrat (Molkosan)
200 ml Wasser
1 EL kaltgepresstes Olivenöl
1½ TL Kräutersalz
10 in Öl mit Knoblauch eingelegte Oliven

Ausserdem:
4 EL gehackte Kräuter (Dill, Basilikum, Petersilie)

1. Den Eisbergsalat putzen und die Blätter in Stücke zupfen.
2. Die Stielansätze der Tomaten entfernen und das Fruchtfleisch in kleine Würfel schneiden.
3. Die Zwiebel schälen, in dünne Ringe schneiden und diese kurz mit kochendem Wasser überbrühen.
4. Die Gurke schälen, längs vierteln, entkernen und in etwa 1 cm dicke Stücke schneiden. Alles mischen.
5. Für die Sauce das Molkekonzentrat mit 200 ml Wasser verdünnen. Dann zuerst das Kräutersalz und anschließend das Olivenöl hineinrühren.
6. Die Oliven zu den Salatzugaben geben, die Sauce darunter heben und den Salat mit den Kräutern bestreuen.

Abwechslungsreiche Vorspeisensuppen

Tomatensuppe

EIWEISSGERICHT
ZUBEREITUNGSZEIT: CA. 15 MINUTEN
2 PORTIONEN
CA. 150 KCAL JE PORTION

500 g reife Tomaten
1 Gemüsezwiebel
2 TL kaltgepresstes Sonnenblumenöl
1 Msp. Cayennepfeffer
1–2 TL vegetarische Gemüsebrühe (Instantpulver)
1 TL Frutilose (Obstdicksaft aus dem Reformhaus)
50 g geschlagene süße Sahne
6 gehackte Basilikumblättchen

1. Die Tomaten waschen, halbieren, vom Stielansatz befreien und zusammen mit wenig Wasser etwa 5 Minuten kochen.
2. In der Zwischenzeit die Zwiebel schälen, grob hacken und in dem Öl glasig dünsten.
3. Die gekochten Tomaten durch ein Sieb streichen, die Tomatenbrühe zu den Zwiebeln geben und das Ganze kurz aufkochen lassen.
4. Danach alles mit dem Schneidstab pürieren. Anschließend die Tomatensuppe mit dem Cayennepfeffer, der Gemüsebrühe und mit der Frutilose pikant abschmecken und mit der Sahne verfeinern. Zum Schluss die Tomatensuppe mit den gehackten Basilikumblättchen hübsch garnieren.

Bauernsuppe

KOHLENHYDRATGERICHT
ZUBEREITUNGSZEIT: CA. 30 MINUTEN
2 PORTIONEN
CA. 350 KCAL JE PORTION

1 große Stange Lauch
2 EL Butter
2 Möhren
150 g Knollensellerie
400 g Kartoffeln
½ l vegetarische Gemüsebrühe (hergestellt aus Instantpulver)
½ TL geriebene Muskatnuss
4 EL süße Sahne

1. Den Lauch putzen, waschen, in feine Ringe schneiden und in der Butter glasig dünsten.
2. Die Möhren, den Sellerie und die Kartoffeln schälen, jeweils in kleine Würfel schneiden und zum Lauch geben.
3. Nun die Gemüsebrühe unter Rühren dazu gießen und alles bei geringer Hitzezufuhr 15 bis 18 Minuten köcheln lassen.
4. Anschließend die Suppe nach Belieben mit dem Schneidstab pürieren, mit der Muskatnuss würzen und mit der Sahne verfeinern.

Kleine Gemüsesuppe mit Einlage

EIWEISSGERICHT
ZUBEREITUNGSZEIT: CA. 30 MINUTEN
2 PORTIONEN
CA. 130 KCAL JE PORTION

1 Bund Suppengrün
2 Tomaten
1 Zwiebel
1 EL Butter
1 Knoblauchzehe
400 ml vegetarische Gemüsebrühe (hergestellt aus Instantpulver)
1 frisches Ei
1 TL fein gehackter Liebstöckel

1. Das Suppengrün putzen, waschen und in Würfel schneiden. Die Tomaten waschen, halbieren und die Stielansätze entfernen.
2. Die Zwiebeln schälen, klein würfeln und in der Butter leicht braun anrösten. Die Gemüsewürfel und die Tomatenhälften sowie die geschälte Knoblauchzehe hinzufügen und dann mit der Brühe auffüllen.
3. Die Suppe etwa 15 bis 18 Minuten köcheln lassen und von der Kochstelle nehmen. Anschließend die harten Tomatenschalen entfernen. Das Ei mit der Gabel verschlagen und unter Rühren in die Suppe gleiten lassen. Die Suppe mit dem fein gehackten Liebstöckel bestreuen.

Gebundene Möhrensuppe

KOHLENHYDRATGERICHT
ZUBEREITUNGSZEIT: CA. 20 MINUTEN
2 PORTIONEN
CA. 190 KCAL JE PORTION

300 g Möhren
1 Zwiebel
1 EL Butter
2 EL vegetarische Gemüsebrühe (hergestellt aus Instantpulver)
3 EL süße Sahne
4 EL gehackte Petersilie

1. Die Möhren schälen, waschen und in Würfel schneiden. Die Zwiebel schälen und fein hacken.
2. Die Butter in einem Topf schmelzen lassen und die Möhren- und Zwiebelwürfel darin leicht andünsten.
3. Anschließend das Mehl darüber stäuben, mit der vegetarischen Gemüsebrühe ablöschen und mit der Sahne verfeinern. Alles 12 bis 15 Minuten köcheln lassen. Nach Belieben mit dem Schneidstab pürieren.
4. Mit der gehackten Petersilie bestreuen und die Suppe heiß servieren.

Brokkoli-Cremesuppe

NEUTRALES GERICHT
ZUBEREITUNGSZEIT: CA. 25 MINUTEN
2 PORTIONEN
CA. 115 KCAL JE PORTION

450 g Brokkoli
½ l vegetarische Gemüsebrühe
(hergestellt aus Instantpulver)
50 g Sahne

1. Den Brokkoli putzen, kurz waschen und dann in kleine Röschen zerteilen. Die Stiele abschneiden, schälen und in Stücke schneiden.
2. Das Gemüse in einen Topf geben und die Gemüsebrühe angießen. Alles bei nicht zu starker Hitze 15 bis 18 Minuten köcheln lassen.
3. Anschließend die Suppe mit dem Schneidstab fein pürieren und mit der Sahne verfeinern.

VARIATION:
Nach diesem Grundrezept können Sie auch andere Gemüsecremesuppen zubereiten, zum Beispiel aus Blumenkohl, Spargel, Möhren, Lauch oder Erbsen. Aus der Cremesuppe wird eine sättigende Kohlenhydrathauptmahlzeit, wenn Sie ein Vollkornbrötchen dazu essen und anschließend als Dessert ein Stück Kuchen servieren.

Möhrensuppe

NEUTRALES GERICHT
ZUBEREITUNGSZEIT: CA. 35 MINUTEN
2 PORTIONEN
CA. 90 KCAL JE PORTION

1 kleine Zwiebel
250 g Möhren
1 EL Butter
½ l vegetarische Gemüsebrühe
(hergestellt aus Instantpulver)
2 EL gehackte Petersilie

1. Die Zwiebel schälen und fein hacken. Die Möhren putzen, waschen, schälen und in dünne Scheiben schneiden.
2. Die Zwiebel in der Butter glasig dünsten. Die Möhrenscheiben dazugeben und mitdünsten.
3. Die Gemüsebrühe angießen und alles 15 bis 20 Minuten köcheln lassen. Die Suppe mit der Petersilie bestreuen.

Sellerierahmsuppe

Neutrales Gericht
Zubereitungszeit: ca. 25 Minuten
2 Portionen
ca. 210 kcal je Portion

1 kleine Knolle Sellerie
(250 g küchenfertig)
½ l vegetarische Gemüsebrühe
(aus Instantpulver zubereitet)
4 EL süße Sahne
2 EL gehackte Petersilie

1. Die Sellerieknolle schälen und würfeln. Zartes Selleriegrün für die Garnitur beiseite legen.
2. Die Selleriewürfel in etwa 10 Minuten in der Gemüsebrühe im geschlossenen Topf garen.
3. Das Ganze anschließend mit dem Schneidstab pürieren und mit der Sahne verfeinern. Die Petersilie über die Suppe streuen und sie mit dem Selleriegrün garnieren.

Tipp:
Die im Rezept angegebene Menge ergibt für eine Person ein Hauptgericht.

Gurkensuppe

Neutrales Gericht
Zubereitungszeit: ca. 30 Minuten
2 Portionen
ca. 165 kcal je Portion

1 kleine Salatgurke
1 kleine Zwiebel
2 TL Butter
300 ml vegetarische Gemüsebrühe
(aus Instantpulver zubereitet)
1 durchgepresste Knoblauchzehe
4 EL süße Sahne
1 kleines Bund gehackter Dill

1. Die Gurke schälen, der Länge nach vierteln und die Kerne mit einem Löffel abkratzen. Dann die Gurkenviertel in grobe Stücke schneiden.
2. Die Zwiebel schälen und fein würfeln. Die Butter erhitzen und die Zwiebel darin glasig dünsten.
3. Die Gurkenwürfel hinzufügen, kurz mit anschmoren und alles mit der Brühe ablöschen. Das Ganze zugedeckt etwa 15 Minuten köcheln lassen.
4. Den Knoblauch dazugeben. Die Suppe mit einem Schneidstab pürieren, mit der Sahne verfeinern und mit dem Dill bestreuen.

Tipp:
Wenn Sie die Suppe mit Croûtons (geröstete Vollkorntoastwürfelchen) servieren, erhalten Sie ein Kohlenhydratgericht.

Klare Gemüsesuppe

NEUTRALES GERICHT
ZUBEREITUNGSZEIT: CA. 25 MINUTEN
2 PORTIONEN
CA. 105 KCAL JE PORTION

1 Bund Suppengrün
1 EL kaltgepresstes Sonnenblumenöl
½ l vegetarische Gemüsebrühe (aus Instantpulver zubereitet)
2 EL fein gehackte Blattpetersilie

1. Das Suppengrün putzen, waschen, klein würfeln.
2. Das Öl in einem Topf nicht zu stark erhitzen und die Gemüsewürfel darin unter Rühren einige Minuten schmoren lassen.
3. Das Ganze mit der Brühe auffüllen, die Suppe etwa 15 Minuten köcheln lassen. Mit der Petersilie bestreuen.

VARIATION:
Je nach Saison und Geschmacksvorlieben können Sie auch andere Gemüsesorten (z.B. Brokkoli, Blumenkohl oder Erbsen) in der Brühe garen. Beachten Sie, dass einige Gemüse (z.B. Kartoffeln und Schwarzwurzeln) zur Kohlenhydratgruppe zählen.

TIPP:
Zusammen mit einem Vollkornbrötchen oder mit etwa 125 g gekochten Vollkornnudeln (etwa 40 g Rohgewicht) als Suppeneinlage ergibt die Gemüsesuppe eine leichte Kohlenhydrathauptmahlzeit.

Grünkernsuppe „Förster Art"

KOHLENHYDRATGERICHT
ZUBEREITUNGSZEIT: CA. 50 MINUTEN
2 PORTIONEN
CA. 210 KCAL JE PORTION

1 Zwiebel
100 g frische Waldpilze, Zuchtchampignons oder Steinpilze
1 EL Butter
50 g feines Grünkernschrot
½ l vegetarische Gemüsebrühe (aus Instantpulver zubereitet)
1 TL Currypulver
1 Msp. Cayennepfeffer
2 EL süße Sahne
2 EL fein gehackte Kräuter (z.B. Petersilie, Liebstöckel, Kerbel oder Pimpernelle)

1. Die Zwiebel schälen, in feine Würfel schneiden. Die Pilze putzen, waschen, trockenreiben und in dünne Scheiben oder kleine Würfel schneiden.
2. Die Butter erhitzen, die Zwiebelwürfel darin glasig dünsten, dann die Pilze dazugeben und kurz mitdünsten. Den Grünkernschrot dazugeben und kurz mitschmoren.
3. Die Brühe dazugießen, das Ganze umrühren und im geschlossenen Topf etwa 15 Minuten köcheln lassen.
4. Die Suppe mit Curry und Cayennepfeffer fein abschmecken, mit der Sahne verfeinern und mit den Kräutern bestreuen.

Kartoffel-Steinpilz-Suppe

KOHLENHYDRATGERICHT
ZUBEREITUNGSZEIT: CA. 40 MINUTEN
EINWEICHZEIT: CA. 15 MINUTEN
2 PORTIONEN
CA. 290 KCAL JE PORTION

ca. 10 g getrocknete Steinpilze
300 g Kartoffeln
1 Zwiebel
1½ EL Butter
400 ml vegetarische Gemüsebrühe (aus Instantpulver zubereitet)
1 TL fein gehackter Liebstöckel
3 EL süße Sahne
4 EL Schnittlauchröllchen

1. Die Pilze kurz abspülen und in einer halben Tasse Wasser (etwa 75 ml) etwa 15 Minuten einweichen. Inzwischen die Kartoffeln schälen, waschen und in etwa gleich große Würfel schneiden.
2. Die Zwiebel schälen, grob hacken und in der Butter glasig dünsten. Die Kartoffelstücke hinzufügen und unter Rühren leicht bräunen lassen.
3. Das Ganze mit der Brühe auffüllen und die Pilze zusammen mit dem Einweichwasser sowie den Liebstöckel dazugeben. Alles 15 bis 18 Minuten köcheln lassen.
4. Dann das Ganze mit dem Schneidstab pürieren, mit der Sahne verfeinern und mit dem Schnittlauch bestreuen.

TIPP:
Zur Pilzsaison sollten Sie die Suppe mit frischen Steinpilzen zubereiten. Dazu etwa 125 g Pilze putzen, waschen, klein würfeln, in 1 EL Butter kurz andünsten und unter die fertige Suppe ziehen.

Hauptgerichte aus der Kohlenhydratgruppe

Grünkernknödel mit Sauerkraut Holstener Art

KOHLENHYDRATGERICHT
ZUBEREITUNGSZEIT: CA. 1¾ STUNDEN
2 PORTIONEN
CA. 700 KCAL JE PORTION

FÜR DIE KNÖDEL:
1 Zwiebel
1½ EL Butter
160 g mittelfeines Grünkernschrot
½ l Wasser
1½ EL vegetarische Gemüsebrühe (Instantpulver)
1 TL gehackten Liebstöckel
1 Knoblauchzehe
3 EL gehackte Petersilie
2 EL Sonnenblumenkerne
1 frisches Eigelb

FÜR DAS SAUERKRAUT:
1 kleine Zwiebel
1 EL kaltgepresstes Sonnenblumenöl
600 g Sauerkraut
1 EL vegetarischer, schmalzähnlicher Brotaufstrich (im Reformhaus oder in Naturkostläden unter der Bezeichnung „Holstener Liesl" erhältlich)
5 Wacholderbeeren
1 TL Kümmel
1 Lorbeerblatt

AUSSERDEM:
3 EL Kartoffelstärke

1. Die Zwiebel schälen, sehr fein würfeln und in der Butter glasig dünsten.
2. Das Grünkernschrot darüber streuen, alles rasch miteinander verrühren und ¼ l Wasser angießen. Das Ganze unter Rühren bei geringer Hitzezufuhr aufkochen lassen. Mit der Instantbrühe und dem Liebstöckel mischen, den Knoblauch durch eine Knoblauchpresse dazudrücken.
3. Dann die Petersilie mit den Sonnenblumenkernen und dem Eigelb unter den Teig mischen und unter Rühren so lange erwärmen, bis ein fester Brei entstanden ist. Vom Herd nehmen und die Masse für etwa 1 Stunde quellen lassen.
4. Inzwischen die Zwiebel schälen, fein würfeln und in dem Öl glasig dünsten.
5. Das Sauerkraut klein schneiden, zu der Zwiebel geben und mit andünsten.
6. Den Brotaufstrich im Sauerkraut schmelzen lassen und ⅛ l Wasser angießen. Die Wacholderbeeren, den Kümmel und das Lorbeerblatt hinzufügen. Das Kraut zugedeckt etwa 20 Minuten lang schmoren lassen.
7. Inzwischen 800 ml leicht gesalzenes Wasser zum Kochen bringen. Die Kartoffelstärke mit wenig kaltem Wasser glatt rühren und in das siedende Wasser geben.
8. Aus der Grünkernmasse kleine Knödel formen und sie in dem Wasser im offenen Topf in etwa 10 Minuten gar ziehen lassen.
9. Vor dem Servieren das Lorbeerblatt aus dem Sauerkraut entfernen und das Kraut zusammen mit den Knödeln anrichten.

Gefüllte Haferflockenbratlinge mit Knoblauchsauce

KOHLENHYDRATGERICHT
ZUBEREITUNGSZEIT: CA. 30 MINUTEN
1–2 PORTIONEN
CA. 410 KCAL JE PORTION

FÜR DIE BRATLINGE:
80 g Haferkörner oder kernige Haferflocken
1 Zwiebel
1 TL Butter
150 ml vegetarische Gemüsebrühe (aus Instantpulver zubereitet)
etwas Selleriesalz
1 TL Paprikapulver, edelsüß
2 EL gehackte Petersilie
30 g vollfetter Gorgonzola
1 EL Vollkornsemmelbrösel
1½ EL ungehärtetes Kokosfett

FÜR DIE SAUCE:
½ Becher Sahnedickmilch (62,5 g)
1 Knoblauchzehe
etwas Kräutersalz

1. Die Haferkörner mit einem Flocker zu Flocken quetschen. (Wem kein Flocker zur Verfügung steht, der kann auch kernige Haferflocken verwenden.)
2. Die Zwiebel schälen, sehr fein würfeln und in der Butter glasig dünsten.
3. Die Haferflocken dazugeben und die Gemüsebrühe angießen. Das Ganze unter Rühren so lange kochen lassen, bis ein dicker Brei entsteht.
4. Den Brei mit dem Selleriesalz, dem Paprikapulver und der Petersilie verrühren, gut durchkneten und für einige Minuten durchziehen lassen.
5. Inzwischen die Knoblauchsauce zubereiten. Dafür die Sahnedickmilch mit einem Schneebesen glatt rühren.
6. Die Knoblauchzehe durch eine Presse dazudrücken und die Sauce mit Kräutersalz würzen.
7. Nun aus dem Brei mit angefeuchteten Händen zwei Bratlinge formen, jeweils die Hälfte des Gorgonzolas in die Mitte drücken und die Bratlinge verschließen.
8. Sie in den Semmelbröseln wenden und in dem Fett so lange braten, bis sie knusprig sind.

Gemüsepaella

KOHLENHYDRATGERICHT
QUELLZEIT: CA. 8 STUNDEN
ZUBEREITUNGSZEIT: CA. 45 MINUTEN
2 PORTIONEN
CA. 450 KCAL JE PORTION

100 g roher Naturreis
2 rote Paprikaschoten
200 g frische Champignons
2 Zwiebeln
1 EL kaltgepresstes Olivenöl
2 Stangen Lauch
4 EL grüne TK-Erbsen
2 Knoblauchzehen
2 TL vegetarische Gemüsebrühe (Instantpulver)
½ TL Safranpulver
4 EL Sahnedickmilch
2 EL gehackte Petersilie

1. Den Reis mit Wasser bedecken und für etwa 8 Stunden oder über Nacht quellen lassen.
2. Am nächsten Tag den Reis bei geringer Hitzezufuhr im geschlossenen Topf in etwa ½ Stunde garen.
3. Inzwischen die Paprikaschoten in Streifen und die Champignons in dünne Streifen schneiden.
4. Die Zwiebeln schälen, würfeln und in dem Öl glasig dünsten. Währenddessen den Lauch in Ringe schneiden und zu den Zwiebeln geben.
5. Die Paprikastreifen, die Erbsen, die zerdrückten Knoblauchzehen und die Champignons darunter mischen.
6. ½ l Wasser dazugießen, alles mit der Gemüsebrühe abschmecken und etwa ½ Stunde garen.
7. Den Reis unter das Gemüse mischen und alles etwa 5 Minuten lang durchziehen lassen.
8. Zum Schluss den Safran und die Sahnedickmilch darunter rühren und die Paella mit der Petersilie bestreuen.

Kartoffel-Käse-Gratin

KOHLENHYDRATGERICHT
ZUBEREITUNGSZEIT: CA. 60 MINUTEN
2 PORTIONEN
CA. 405 KCAL JE PORTION

400 g Kartoffeln
200 ml Wasser
4 EL süße Sahne
80 g Gorgonzola oder Camembert (60 % Fett i. Tr.)
2 TL vegetarische Gemüsebrühe (Instantpulver)
1 Msp. Cayennepfeffer
nach Belieben 1 TL gehackte Liebstöckel- oder Majoranblättchen

1. Die Kartoffeln waschen und etwa 20 Minuten als Pellkartoffeln vorgaren. Sie anschließend leicht abkühlen lassen, pellen und in gleich dicke Scheiben schneiden.
2. Die Kartoffelscheiben dachziegelartig in eine flache Gratinform schichten. Den Backofen auf 160° C vorheizen.
3. Etwa 200 ml Wasser mit der Sahne mischen. Den Käse in kleine Würfel schneiden und hineingeben.
4. Das Ganze mit der Gemüsebrühe und dem Cayennepfeffer abschmecken und über die Kartoffeln gießen.
5. Nach Belieben den Liebstöckel oder den Majoran darüber streuen und das Gratin 18 bis 20 Minuten überbacken, bis sich eine goldgelbe Kruste gebildet hat.

TIPP:
Wählen Sie zu dem Gratin einen neutralen Salat (Rezepte ab Seite 49).

Zwiebelkuchen

KOHLENHYDRATGERICHT
ZUBEREITUNGSZEIT: CA. 60 MINUTEN
BACKZEIT: CA. 35 MINUTEN
4 PORTIONEN
CA. 480 KCAL JE PORTION

FÜR DEN TEIG:
25 g frische Hefe
200 g feines Dinkel- oder Weizenvollkornmehl
½ TL Meersalz
1 TL kaltgepresstes Sonnenblumenöl
etwas Butter für die Springform

FÜR DEN BELAG:
1 kg Gemüsezwiebeln
1 EL ungehärtetes Pflanzenfett
100 g süße Sahne
2 Eigelb
80 g Käse 60 % Fett i. Tr. (Rahmgouda oder Mozzarella)
½ TL geriebene Muskatnuss
1 Msp. Cayennepfeffer
1 TL Kräutersalz
1 TL Kümmel
1 TL Koriander

1. Die Hefe in 130 ml warmem Wasser auflösen und mit der Hälfte des Vollkornmehls zu einem Vorteig verrühren. Ihn etwa 20 Minuten zugedeckt an einem warmen Ort gehen lassen.
2. Anschließend das restliche Mehl, das Meersalz und das Öl hinzufügen und alles zu einem geschmeidigen Teig verkneten. Ihn zugedeckt an einem warmen Ort so lange gehen lassen, bis sich sein Volumen verdoppelt hat (dies dauert in der Regel etwa 20 Minuten).
3. In der Zwischenzeit die Zwiebeln in feine Ringe schneiden. Das Fett in einer Pfanne erhitzen und die Zwiebelringe darin glasig dünsten.
4. Die Sahne mit 50 ml Wasser mischen und mit den Eigelben verquirlen.
5. Den Käse in kleine Würfel schneiden und zu der Sahne-Ei-Mischung geben. Sie mit Muskatnuss, Cayennepfeffer, Kräutersalz, Kümmel und Koriander würzen.
6. Die Sahnesauce zu den Zwiebeln gießen und alles gut verrühren.
7. Den Backofen auf 180° C vorheizen. Den Teig nochmals kurz durchkneten, eine mit Butter gefettete Springform (26 cm Ø) damit auslegen und den Teig am Rand etwas hochdrücken.
8. Die Zwiebelmischung gleichmäßig auf dem Teigboden verteilen und den Zwiebelkuchen im Ofen in etwa 35 Minuten backen.

TIPPS:
Essen Sie dazu einen kleinen, neutralen Salat (ab Seite 49).
Zwiebelkuchen ist warm oder kalt eine köstliche Zwischenmahlzeit. Das Rezept ergibt dann acht Portionen.

Zucchini-Pilz-Kuchen

Kohlenhydratgericht
Zubereitungszeit: ca. 1½ Stunden
Zeit zum Gehen: mind. 50 Minuten
4 Portionen
ca. 840 kcal je Portion

Für den Teig:
1 Würfel frische Hefe (ca. 42 g)
ca. 130 ml lauwarmes Wasser
200 g feines Dinkel- oder Weizenvollkornmehl
½ TL Kümmelpulver
1 TL getrocknete Kräuter der Provence
1 TL Meersalz

Für den Belag:
1 große Gemüsezwiebel
2 mittelgroße Zucchini (ca. 300 g)
100 g frische Champignons
1 EL ungehärtetes Kokosfett (aus dem Reformhaus)
2 TL vegetarische Gemüsebrühe (Instantpulver)
3 EL Sonnenblumenkerne

Für den Guss:
75 g süße Sahne
2 frische Eigelbe
½ TL Cayennepfeffer
1 TL Kräutersalz
½ TL Muskatnusspulver

Außerdem:
etwas weiche Butter für die Form

1. Die Hefe zerbröckeln, in dem Wasser auflösen und die Hälfte des Mehls hineinrühren. Das Ganze mit einem Tuch abdecken und mindestens 20 Minuten an einem warmen Ort gehen lassen.
2. Anschließend das restliche Mehl, Kümmel, Kräuter und Salz hinzufügen und alles zu einem geschmeidigen Teig verkneten.
3. Eine Springform (ca. 26 cm Ø) mit der Butter ausfetten. Den Teig entsprechend ausrollen, in die Form legen, einen Rand leicht hochziehen und den Boden mit einer Gabel mehrmals einstechen.
4. Das Ganze mit einem Tuch abdecken und an einem warmen Ort so lange gehen lassen (etwa 30 Minuten), bis der Teigboden etwa doppelt so dick ist.
5. In der Zwischenzeit die Zwiebeln schälen, halbieren und in dünne Ringe schneiden. Die Zucchini und die Pilze putzen, waschen, trockentupfen und beides in recht dünne Scheiben schneiden.
6. Den Backofen auf 175° C vorheizen. Das Fett in einer Pfanne erhitzen, die Zwiebelringe zusammen mit den Zucchini- sowie Pilzscheiben darin einige Minuten schmoren.
7. Das Gemüse mit der Brühe würzen. Die Sonnenblumenkerne darunter rühren und alles gleichmäßig auf dem Teigboden verteilen.

8. Die Sahne mit etwa 5 EL Wasser verrühren, die Eigelbe darunter quirlen und das Ganze mit den Gewürzen abschmecken. Den Guss über das Gemüse gießen und den Kuchen 20 bis 25 Minuten auf der mittleren Schiene backen.

TIPP:
Essen Sie zum Kuchen einen kleinen, neutralen Salat oder Rohkost (Seite 49).

Apfel-Dickmilch-Reis

KOHLENHYDRATGERICHT
ZUBEREITUNGSZEIT: CA. 45 MINUTEN
QUELLZEIT: CA. 8 STUNDEN
2 PORTIONEN
CA. 610 KCAL JE PORTION

100 g Naturrundkornreis
3 mürbe, kleine Äpfel (z.B. Cox Orange)
je 4 EL ungeschwefelte Rosinen und Honig
175 g Sahnedickmilch
1–2 TL Zimtpulver

1. Den Reis in einen Topf geben, mit kaltem Wasser bedecken und für 8 Stunden (am besten über Nacht) quellen lassen.
2. Am nächsten Tag den Reis bei geringer Hitze im geschlossenen Topf etwa 25 Minuten garen, anschließend abgießen.
3. In der Zwischenzeit die Äpfel schälen, entkernen, klein würfeln, In einen Topf geben, etwas Wasser angießen und Rosinen sowie Honig hinzufügen. Das Ganze bei geringer Hitze ungefähr 10 Minuten dünsten.
4. Anschließend den gut abgetropften Reis mit der Apfel-Rosinen-Mischung vermengen, die Dickmilch darunter rühren und alles mit Zimt bestäuben.

TIPPS:
Essen Sie vorher einen neutralen Salat (Seite 49–54).
Der Apfelreis schmeckt warm und kalt.

Indisches Reisgericht

KOHLENHYDRATGERICHT
ZUBEREITUNGSZEIT: CA. 1½ STUNDEN
QUELLZEIT: CA. 8 STUNDEN
2 PORTIONEN
CA. 465 KCAL JE PORTION

100 g Naturreis
ca. 13 abgezogene Mandelkerne
1 Zwiebel
1 EL kaltgepresstes Sonnenblumenöl
100 g frische Austernpilze
1 Banane
1 Bund kleine Frühlingszwiebeln
50 g ungeschwefelte Rosinen
1 TL Koriander
½ TL Muskatnusspulver
1 TL zerstoßene Kümmelsamen
2 TL Zimtpulver
1 TL Kardamompulver
2–3 TL Anispulver
4 Gewürznelken
½ TL Cayennepfeffer
½ l heiße, vegetarische Gemüsebrühe (aus Instantpulver hergestellt)
1 EL Sesamsamen
1 Döschen Safranpulver

1. Den Reis in einen Topf geben, mit kaltem Wasser bedecken und etwa 8 Stunden (am besten über Nacht) quellen lassen.
2. Am nächsten Tag den Reis bei geringer Hitze im geschlossenen Topf etwa 25 Minuten garen, anschließend abgießen.
3. Inzwischen die Mandeln halbieren und in Stifte schneiden. Die Zwiebeln schälen, fein hacken und zusammen mit den Mandelstiften im mäßig heißen Öl braten. Das Ganze beiseite stellen.
4. Die Pilze putzen, abspülen, trockentupfen und in Streifen schneiden. Die Banane schälen, in Scheiben schneiden und zusammen mit den Pilzen zur Zwiebel-Mandel-Mischung geben.
5. Die Frühlingszwiebeln putzen, waschen, das Grün abschneiden und in feine Ringe schneiden. Die Zwiebelchen zusammen mit den Rosinen zur Pilzmischung geben. Das Ganze erhitzen, einige Minuten dünsten, danach mit den Gewürzen kräftig abschmecken, alles mit der Brühe auffüllen und aufkochen.
6. Den Sesam dazugeben und das Ganze bei schwacher Hitze unter Rühren etwa 8 Minuten dünsten lassen.
7. Den abgetropften Reis sowie den Safran darunter mischen. Das Gericht mit den Frühlingszwiebeln garnieren und sofort servieren.

TIPP:
Wählen Sie zu diesem Gericht einen neutralen Salat (Seite 49–54).

Gefüllte Kartoffeln

Kohlenhydratgericht
Zubereitungszeit: ca. 35 Minuten
2 Portionen
ca. 290 kcal je Portion

4–6 mittelgroße Kartoffeln
(ca. 400 g)
2 große Champignons
1 EL weiche Butter
2 EL frisch gehackter Kerbel
½ TL Kräutersalz
etwas geriebene Muskatnuss
4 Scheiben Butterkäse
(mind. 60 % Fett i. Tr.)
etwas Butter für die Form

1. Die Kartoffeln mit der Schale in etwa 20 Minuten weich kochen. Nach etwa 10 Minuten den Backofen oder den Grill auf 225° C vorheizen.
2. Inzwischen die Champignons waschen, putzen und in Stifte schneiden.
3. Von den Kartoffeln jeweils längs einen Deckel abschneiden und sie bis auf einen etwa ½ cm breiten Rand aushöhlen.
4. Die Deckel schälen und zusammen mit der ausgehöhlten Kartoffelmasse mit einer Gabel zerdrücken. Das Püree mit der Butter, dem Kerbel, dem Kräutersalz und dem Muskat verrühren. Die Pilze darunter mischen.
5. Die Kartoffelmasse zurück in die Kartoffeln füllen und dabei einen „Berg" aufhäufen. Darauf je 1 Käsescheibe legen. Die Kartoffeln in eine gefettete Auflaufform setzen und auf der obersten Schiene im Backofen oder unter dem Grill etwa 10 Minuten überbacken.

Tipps:
Servieren Sie zu den Kartoffeln gedünstetes Gemüse oder einen neutralen Salat.
Wenn Sie mehr Kartoffeln kochen, können Sie den Rest für einen Kartoffelsalat verwenden.

Blumenkohlcurry

KOHLENHYDRATGERICHT
ZUBEREITUNGSZEIT: CA. 40 MINUTEN
2 PORTIONEN
CA. 490 KCAL JE PORTION

ca. 1/4 l vegetarische Gemüsebrühe (aus Instantpulver zubereitet)
120 g Naturreis
1 kleiner Blumenkohl
1/4 TL Meersalz
2 Frühlingszwiebeln
1 weiche Banane
1 EL kaltgepresstes Olivenöl
3 EL Kokosraspel
1 TL mildes Currypulver
1/2 TL Cayennepfeffer
1/4 TL Kräutersalz
50 ml Wasser
2 EL süße Sahne

1. Die Gemüsebrühe aufkochen, den Reis hineinstreuen und bei kleiner Hitze etwa 40 Minuten ausquellen lassen.
2. Inzwischen den Blumenkohl putzen, in Röschen zerteilen und diese waschen. Die Röschen in etwas leicht gesalzenem Wasser etwa 10 Minuten bissfest dünsten. Sie dann abschütteln und abtropfen lassen.
3. Gleichzeitig die Frühlingszwiebeln waschen, putzen und fein würfeln. Die Banane schälen und mit der Gabel zerdrücken.
4. Das Öl in einer Pfanne erhitzen und die Zwiebelwürfel darin glasig dünsten. Bananenmus, Kokosraspeln, Currypulver, Cayennepfeffer und Kräutersalz dazugeben und unter Rühren kurz mitdünsten. Nun 50 ml Wasser und die Sahne darunter rühren. Die Blumenkohlröschen dazugeben und unterheben. Das Curry zusammen mit dem Reis servieren.

TIPPS:
Zu dem Blumenkohlcurry passt gut ein neutraler Salat.
Wenn Sie mehr Reis kochen, können Sie diesen für einen Reissalat oder als Einlage für eine neutrale Gemüsesuppe verwenden.

VARIATION:
Reste dieses Gerichts schmecken auch kalt als Reissalat gut. Mischen Sie dafür den Reis mit dem Blumenkohlcurry und fügen Sie dann noch Jogurt und, nach Geschmack, Paprika- oder Zucchiniwürfel hinzu.

Käserisotto mit grünem Spargel

KOHLENHYDRATGERICHT
ZUBEREITUNGSZEIT: CA. 50 MINUTEN
2 PORTIONEN
CA. 410 KCAL JE PORTION

1 Zwiebel
1 EL kaltgepresstes Olivenöl
120 g Naturreis
ca. 250 ml vegetarische Gemüsebrühe (aus Instantpulver zubereitet)
250 g grüner Spargel
½ TL Meersalz
50 g Butterkäse (mind. 60 % Fett i. Tr.)
3 EL gehackter Kerbel

1. Die Zwiebel schälen und fein würfeln. Das Öl in einem Topf erhitzen und die Zwiebelwürfel darin andünsten. Den Reis hinzufügen und glasig werden lassen. Die Brühe dazugießen, alles aufkochen lassen und den Reis zugedeckt bei kleiner Hitze in etwa 40 Minuten ausquellen lassen.
2. Inzwischen den Spargel waschen und eventuell die Enden abschneiden. Den Spargel schräg in etwa 3 cm große Stücke schneiden. Diese in reichlich leicht gesalzenem Wasser in etwa 15 Minuten bissfest kochen.
3. Den Käse in kleine Würfel schneiden und in dem fertig gegarten Reis schmelzen lassen. Den Spargel und den Kerbel unter den Reis heben.

TIPPS:
Servieren Sie zu dem Risotto einen Blattsalat mit klarem Kräuterdressing.
Kochen Sie die doppelte Menge Reis und verwenden Sie den Rest für einen Reissalat.

Überbackene Käsespätzle

KOHLENHYDRATGERICHT
ZUBEREITUNGSZEIT: CA. 45 MINUTEN
2 PORTIONEN
CA. 595 KCAL JE PORTION

140 g Vollkornspätzle
1 TL Meersalz
1 Gemüsezwiebel
1½ EL Butter
120 g Butterkäse
(mind. 60 % Fett i. Tr.) in Scheiben
3 EL gehackte Blattpetersilie

1. Die Nudeln in reichlich leicht gesalzenem Wasser bissfest garen, anschließend abgießen, kalt abschrecken und gut abtropfen lassen.
2. Die Zwiebel schälen, halbieren und in feine Ringe schneiden. Die Butter in einer Pfanne schmelzen lassen und die Zwiebelringe darin dünsten. Den Backofen auf 180° C vorheizen.
3. Die Nudeln zu den Zwiebeln geben und alles unter Rühren leicht anbraten. Die Mischung in eine Auflaufform füllen, mit dem Käse belegen und auf der mittleren Schiene etwa 15 Minuten überbacken.
4. Die Käsespätzle aus dem Ofen nehmen, kurz ruhen lassen und dann mit der Petersilie bestreuen.

Nudeln mit Pilzen

KOHLENHYDRATGERICHT
ZUBEREITUNGSZEIT: CA. 30 MINUTEN
2 PORTIONEN
CA. 415 KCAL JE PORTION

500 g gemischte, frische Pilze (Champignons, Austernpilze, Pfifferlinge, Stein- oder andere Waldpilze)
1 Zwiebel
120 g Vollkornbandnudeln
etwas Meersalz
1 EL kaltgepresstes Sonnenblumenöl
1 TL Kräutersalz
4 EL süße Sahne
1 EL Majoranblättchen

1. Die Pilze putzen, waschen, trockenreiben, klein schneiden. Die Zwiebel schälen und fein würfeln.
2. Die Nudeln in leicht gesalzenem Wasser bissfest garen, abgießen, gut abtropfen lassen und warm halten.
3. Inzwischen das Öl in einer Pfanne erhitzen und die Zwiebelwürfel darin glasig dünsten. Die Pilze hinzufügen und unter Wenden braten, bis die ausgetretene Flüssigkeit verdampft ist.
4. Das Ganze mit dem Kräutersalz würzen, mit der Sahne verfeinern, mit dem Majoran bestreuen und zusammen mit den Nudeln servieren.

Grünkernbratlinge mit Paprikagemüse

KOHLENHYDRATGERICHT
ZUBEREITUNGSZEIT: CA. 1½ STUNDEN
QUELLZEIT: CA. 30 MINUTEN
2 PORTIONEN
CA. 765 KCAL JE PORTION

FÜR DIE BRATLINGE:
1 Zwiebel
100 g frische Champignons
1 TL Butter
160 g mittelfeines Grünkernschrot
½ l vegetarische Gemüsebrühe (aus Instantpulver zubereitet)
1 frisches Eigelb
3 Blätter fein gehackter Liebstöckel
80 g milder Schafskäse, in Lake eingelegt
3 EL Vollkornsemmelbrösel
4 TL ungehärtetes Kokosfett

FÜR DAS GEMÜSE:
1 Zwiebel
600 g rote und gelbe Paprikaschoten (ca. 3 mittelgroße Schoten)
1½ EL kaltgepresstes Sonnenblumenöl
1 EL Weizenvollkornmehl
150 ml vegetarische Gemüsebrühe (aus Instantpulver zubereitet)

1. Für die Bratlinge die Zwiebel schälen, die Champignons putzen, waschen und trockenreiben. Beides sehr fein würfeln und in der Butter glasig dünsten.
2. Das Grünkernschrot dazugeben, alles miteinander verrühren und mit der Brühe aufgießen. Das Ganze unter Rühren bei geringer Hitze aufkochen lassen.
3. Eigelb und Liebstöckel unter die Masse mischen und alles unter Rühren erwärmen, bis ein fester Brei entstanden ist. Das Ganze vom Herd nehmen und etwa 30 Minuten quellen lassen.
4. Inzwischen die andere Zwiebel schälen und grob hacken. Die Paprikaschoten waschen, putzen, in Würfel schneiden und mit den Zwiebeln unter Rühren etwa 5 Minuten im Öl dünsten.
5. Das Mehl darüber stäuben, unter Rühren leicht anschwitzen und die Brühe dazugießen. Das Ganze etwa 10 Minuten bei geschlossenem Topf köcheln lassen, danach warm halten.
6. Den Schafskäse in Würfel schneiden. Aus der Grünkernmasse 6 Kugeln formen, mit dem Daumen je eine Vertiefung hineindrücken, etwas Käse hineingeben und die Teigkugeln zu einem flachen Bratling formen.
7. Die Bratlinge in den Semmelbröseln wälzen. Das Fett erhitzen und die Bratlinge bei mittlerer Hitze unter Wenden in etwa 12 Minuten braun braten und anschließend zusammen mit dem Paprikagemüse servieren.

Kartoffel-Mandel-Rösti

Kohlenhydratgericht
Zubereitungszeit: ca. 45 Minuten
2 Portionen
ca. 380 kcal je Portion

400 g fest kochende Kartoffeln
ca. 13 abgezogene Mandelkerne
1 Zwiebel
100 g frische Champignons
2 TL Butter
1 frisches Eigelb
1 EL vegetarische Gemüsebrühe
(aus Instantpulver zubereitet)
½ TL Muskatnusspulver
1½ EL ungehärtetes Kokosfett
(aus dem Reformhaus)

1. Die Kartoffeln gründlich waschen, in reichlich Wasser als Pellkartoffeln in etwa 20 Minuten bissfest garen, anschließend abgießen und erkalten lassen.
2. In der Zwischenzeit die Mandeln grob hacken. Die Zwiebel schälen und fein würfeln. Die Pilze putzen, waschen, trockenreiben und in kleine Würfel schneiden.
3. Die Butter in einer Pfanne schmelzen lassen und Mandelsplitter, Zwiebel- und Pilzwürfel darin kurz dünsten. Das Ganze beiseite stellen.
4. Die Kartoffeln pellen, grob reiben. Die Mandel-Pilz-Zwiebel-Mischung zusammen mit dem Eigelb zu den Kartoffeln geben. Alles gut mischen und mit der Brühe sowie dem Muskatnusspulver würzen.
5. Mit angefeuchteten Händen aus der Kartoffelmasse 6 kleine, flache Küchlein formen und diese im erhitzten Kokosfett von beiden Seiten so lange braten, bis sie knusprig sind.

Bunte Kartoffelpfanne

KOHLENHYDRATGERICHT
ZUBEREITUNGSZEIT: CA. 45 MINUTEN
2 PORTIONEN
CA. 300 KCAL JE PORTION

400 g Kartoffeln
1 Zwiebel
150 g frische Champignons
1 rote Paprikaschote
2 EL Butter
150 g grüne TK-Erbsen
1 TL Kräutersalz
½ TL Muskatnusspulver
2 EL saure Sahne

1. Die Kartoffeln waschen, als Pellkartoffeln in etwa 20 Minuten bissfest garen und anschließend abgießen.
2. In der Zwischenzeit die Zwiebel schälen und fein hacken. Die Pilze putzen, waschen, trockenreiben und in Scheiben schneiden. Die Paprikaschote waschen, trockenreiben, vierteln, entkernen und quer in Streifen schneiden.
3. Die Kartoffeln pellen und grob würfeln. Die Butter in einer Pfanne schmelzen lassen und Zwiebelwürfel, Pilzscheiben, Erbsen sowie Paprikastreifen darin einige Minuten dünsten.
4. Kartoffelwürfel hinzufügen und alles bei geringer Hitze unter Rühren einige Minuten schmoren. Das Ganze mit Salz und Muskatnuss würzen.
5. Die Kartoffelpfanne auf 2 Tellern anrichten und jeweils mit einem Klecks Sahne versehen.

TIPP:
Wählen Sie als Vorspeis oder Beilage einen neutralen Salat (Seite 49–54).

Pellkartoffeln mit Brokkolidip

KOHLENHYDRATGERICHT
ZUBEREITUNGSZEIT: CA. 30 MINUTEN
2 PORTIONEN
CA. 315 KCAL JE PORTION

FÜR DIE KARTOFFELN:
400 g kleine Kartoffeln
1 TL Kümmelsamen

FÜR DEN DIP:
250 g Sahnedickmilch
100 g Brokkoliröschen
1 TL Kräutersalz
1–2 durchgepresste Knoblauchzehen

AUSSERDEM:
4 EL Schnittlauchröllchen

1. Die Kartoffeln gründlich waschen und mit dem Kümmel als Pellkartoffeln knapp 20 Minuten garen.
2. Inzwischen die Dickmilch cremig rühren. Den Brokkoli putzen, waschen, klein schneiden und zusammen mit dem Salz zur Dickmilch geben.
3. Alles mit dem Schneidstab pürieren und mit dem Knoblauch abschmecken.
4. Die Pellkartoffeln mit dem Brokkolidip servieren und das Ganze mit dem Schnittlauch bestreuen.

Nudelauflauf

KOHLENHYDRATGERICHT
ZUBEREITUNGSZEIT: CA. 50 MINUTEN
2 PORTIONEN
CA. 647 KCAL JE PORTION

160 g Vollkornnudeln
3/4 TL Meersalz
1 Zwiebel
1 grüne Paprikaschote
2 TL Butter
1 durchgepresste Knoblauchzehe
100 g süße Sahne
ca. 100 ml Wasser
1 EL vegetarische Gemüsebrühe (Instantpulver)
2 EL frisch gehackter Majoran
1/4 TL Cayennepfeffer
100 g Wörishofener Käse (60 % Fett i. Tr.), in dünne Streifen geschnitten

1. Die Nudeln in reichlich leicht gesalzenem Wasser knapp bissfest garen, anschließend abgießen und dann kalt abschrecken.
2. In der Zwischenzeit die Zwiebel schälen und fein hacken. Die Paprikaschote waschen, trockenreiben, halbieren, entkernen und in Würfel schneiden.
3. Die Butter in einer Pfanne erhitzen und Zwiebel sowie Paprikawürfel darin anbraten. Knoblauch und Sahne hineinrühren. Etwa 100 ml Wasser dazu gießen, alles aufkochen und etwas köcheln lassen. Den Backofen auf 200° C vorheizen.

4. Die Sauce mit der Gemüsebrühe, dem Majoran und Cayennepfeffer abschmecken. Die Nudeln in eine ausreichend große Auflaufform geben.
5. Die Sahnesauce darüber gießen. Den Käse in recht schmale Streifen schneiden und darauf legen. Das Gratin auf der mittleren Schiene etwa 20 Minuten überbacken.

Bohneneintopf mit Holstener Liesl

KOHLENHYDRATGERICHT
ZUBEREITUNGSZEIT: CA. 30 MINUTEN
2 PORTIONEN
CA. 370 KCAL JE PORTION

600 g grüne Bohnen
300 g Kartoffeln
1 Zwiebel
2 EL kaltgepresstes Sonnenblumenöl
¼ l Wasser
2 TL vegetarische Gemüsebrühe (Instantpulver)
2 Stängel Bohnenkraut
1 EL vegetarischer, schmalzähnlicher Brotaufstrich (Holstener Liesl)

1. Die Bohnen putzen, waschen und in 3 cm lange Stücke brechen. Die Kartoffeln waschen, schälen und in Würfel schneiden.
2. Das Öl in einem Topf erhitzen und alle obigen Zutaten unter Rühren anbraten. Etwa ¼ l Wasser hinzufügen und alles mit der Brühe und dem Bohnenkraut würzen.
3. Den Topf schließen und das Gemüse etwa 18 Minuten bei geringer Hitze garen. Zum Schluss den Brotaufstrich im Bohneneintopf schmelzen lassen und servieren.

TIPP:
Der Brotaufstrich ist in Reformhäusern oder Naturkostläden unter der Bezeichnung „Holstener Liesl“ erhältlich.

Kartoffelsuppe mit Champignons

KOHLENHYDRATGERICHT
ZUBEREITUNGSZEIT: CA. 30 MINUTEN
2 PORTIONEN
CA. 320 KCAL JE PORTION

400 g Kartoffeln
1 Zwiebel
1½ EL Butter
¾ l vegetarische Gemüsebrühe (hergestellt aus Instantpulver)
200 g frische Champignons
1 EL kaltgepresstes Sonnenblumenöl
1 TL Kräutersalz
2 EL süße Sahne
etwas geriebene Muskatnuss
2 EL gehackte Petersilie

1. Die Kartoffeln waschen, schälen und in kleine Würfel schneiden.
2. Die Zwiebel schälen, fein würfeln und in der zerlassenen Butter glasig dünsten. Die Kartoffeln hinzufügen und mit der vegetarischen Brühe auffüllen. Alles zugedeckt bei schwacher Hitze 15 bis 18 Minuten garen.
3. Inzwischen die Pilze waschen, putzen und feinblättrig aufschneiden. Die Scheiben in dem Öl leicht anbraten und mit dem Kräutersalz würzen.
4. Die Suppe mit dem Schneidstab pürieren, mit Sahne verfeinern und mit dem Muskat abschmecken.
5. Die angebratenen Pilze zur Suppe geben und alles mit der Petersilie bestreut servieren.

Kartoffelbrei mit Sauerkraut und Röstzwiebeln

KOHLENHYDRATGERICHT
ZUBEREITUNGSZEIT: CA. 35 MINUTEN
2 PORTIONEN
CA. 360 KCAL JE PORTION

5 Kartoffeln (400 g küchenfertig)
350 ml Wasser
1 EL vegetarische Gemüsebrühe (Instantpulver)
50 g süße Sahne
500 g Sauerkraut
1 große Gemüsezwiebel
1½ EL ungehärtetes Kokosfett

1. Die Kartoffeln schälen und in kleine Würfel schneiden. In 350 ml Wasser im geschossenen Topf in etwa 20 Minuten weich kochen.
2. Die Kartoffeln im eigenen Kochwasser zerstampfen, dann das Püree mit der Instantbrühe abschmecken und mit der Sahne verfeinern.
3. Das Sauerkraut nach Belieben klein schneiden und in einem Topf erwärmen.
4. In der Zwischenzeit die Zwiebel schälen und in feine Ringe schneiden.
5. Das Fett in einer Pfanne erhitzen und die Zwiebelringe darin unter Wenden rösten.
6. Das heiße Sauerkraut mit dem Kartoffelbrei mischen und zusammen mit den Zwiebelringen servieren.

Bratkartoffeln mit Rosenkohl

KOHLENHYDRATGERICHT
ZUBEREITUNGSZEIT: CA. 30 MINUTEN
2 PORTIONEN
CA. 420 KCAL JE PORTION

400 g am Vortag gegarte Pellkartoffeln
1 Zwiebel
2 EL kaltgepresstes Sonnenblumenöl
1 TL Kräutersalz
500 g TK-Rosenkohl
1 TL vegetarische Gemüsebrühe (Instantpulver)
1 Msp. geriebene Muskatnuss
1½ EL Butter

1. Die Kartoffeln pellen und in Scheiben schneiden. Die Zwiebel schälen, fein würfeln und in dem Öl glasig dünsten.
2. Nun die Kartoffelscheiben hinzufügen, alles mit dem Kräutersalz würzen und so lange braten, bis die Kartoffeln goldgelb sind.
3. In der Zwischenzeit den Rosenkohl mit wenig Wasser aufsetzen und mit der Instantbrühe sowie Muskatnuss würzen.
4. Den Rosenkohl im geschlossenen Topf 8 bis 12 Minuten köcheln lassen und das Gemüse danach mit einer Schaumkelle herausnehmen.
5. Die Butter in einer Pfanne zart bräunen, über das Gemüse gießen und mit den Bratkartoffeln servieren.

Spagetti mit Knoblauch-Sahne-Sauce

KOHLENHYDRATGERICHT
ZUBEREITUNGSZEIT: CA. 20 MINUTEN
2 PORTIONEN
CA. 540 KCAL JE PORTION

200 g rohe Vollkornspagetti
1 TL Meersalz
2 Knoblauchzehen
125 g süße Sahne
½ TL Kräutersalz
2 EL gehackte Petersilie oder 1 TL gehackter Salbei

1. Die Spagetti in reichlich leicht gesalzenem Wasser in 10 bis 12 Minuten bissfest garen.
2. In der Zwischenzeit den Knoblauch schälen, durch eine Presse in die Sahne drücken und alles mit dem Kräutersalz abschmecken.
3. Die Nudeln abgießen, kurz mit warmem Wasser abbrausen und mit der Sahnesauce mischen. Die Petersilie darüber streuen oder den Salbei darunter mischen.

TIPP:
Dazu passt ein Gurkensalat. Soll es schnell gehen, kann man in Scheiben geschnittene Gurken dazu essen.

Pellkartoffeln mit Tsatsiki

KOHLENHYDRATGERICHT
ZUBEREITUNGSZEIT: CA. 30 MINUTEN
2 PORTIONEN
CA. 280 KCAL JE PORTION

500 g Kartoffeln
250 g Quark (20 % Fett i. Tr.)
4 EL Mineralwasser
2 Knoblauchzehen
1 Salatgurke
Kräutersalz
1 Dillzweig

1. Die Kartoffeln gründlich abbürsten und als Pellkartoffeln 18 bis 20 Minuten garen.
2. In der Zwischenzeit den Tsatsiki zubereiten. Dafür den Quark mit dem Mineralwasser verrühren. Den Knoblauch schälen und durch eine Presse dazudrücken.
3. Dann 150 g der Salatgurke schälen, auf einer Rohkostreibe raspeln und zum Quark geben. Alles mit Kräutersalz abschmecken.
4. Die restliche Salatgurke schälen und in 1 cm breite Scheiben schneiden. Die Pellkartoffeln zusammen mit dem Tsatsiki und den Gurkenscheiben servieren. Mit dem Dill garnieren.

Nudeln mit Pilz-Sahne-Sauce

KOHLENHYDRATGERICHT
ZUBEREITUNGSZEIT: 45 MINUTEN
2 PORTIONEN
CA. 380 KCAL JE PORTION

350 g Champignons, Pfifferlinge oder andere Pilze
1 Zwiebel
1½ EL Butter
¼ l vegetarische Gemüsebrühe (hergestellt aus Instantpulver)
4 EL Sahne
3 EL gehackte Petersilie
120 g Vollkornnudeln
Meersalz

1. Die Pilze wenn nötig putzen, waschen und zerkleinern. Die Zwiebel schälen und fein würfeln.
2. Die Butter in einer Pfanne schmelzen lassen und die Zwiebelwürfel darin glasig dünsten. Die Pilze hinzufügen und bei mittlerer Hitze mit anbraten.
3. Die Gemüsebrühe dazugießen und alles in der geschlossenen Pfanne gut 20 Minuten köcheln lassen.
4. Zwischenzeitlich die Nudeln in leicht gesalzenem Wasser bissfest garen. Dann abgießen.
5. Die Pilzsauce mit der Sahne und der Petersilie verfeinern und zusammen mit den Nudeln servieren.

TIPP:
Essen Sie dazu einen Salat aus der neutralen Gruppe (Seite 49–54).

Pilzhirsotto

Kohlenhydratgericht
Zubereitungszeit: ca. 35 Min.
2 Portionen
ca. 405 kcal je Portion

250 g Champignons
1 Zwiebel
1 EL Butter
100 g TK-Erbsen
1 EL Currypulver
120 g Hirse
1–2 Knoblauchzehen
½ l Wasser
2 TL vegetarische Gemüsebrühe (Instantpulver)
4 EL Sahne
2 EL fein gehackte Petersilie

1. Die Pilze putzen, kurz waschen, in feine Scheiben schneiden. Die Zwiebel schälen und fein würfeln.
2. Die Butter schmelzen, Champignons und Zwiebeln kurz dünsten. Die Erbsen hinzufügen und alles mit Curry bestäuben.
3. Die Hirse mit heißem Wasser abspülen und zu den Pilzen geben. Die Knoblauchzehen durch eine Presse dazudrücken und alles mit der Gemüsebrühe würzen.
4. Anschließend ½ l Wasser angießen und das Hirsotto zugedeckt 20 bis 25 Minuten köcheln lassen, bis die Hirse weich ist.
5. Das Hirsotto mit der Sahne verfeinern und mit der Petersilie bestreuen.

Austernpilzragout

Kohlenhydratgericht
Zubereitungszeit: 30 Minuten
2 Portionen
ca. 250 kcal je Portion

400 g Möhren
400 g Austernpilze
1 Zwiebel
1½ EL Butter
2 gehäufte EL feines Dinkel- oder Weizenvollkornmehl
¼ l vegetarische Gemüsebrühe (hergestellt aus Instantpulver)
2 gehäufte EL saure Sahne
2 EL gehackte Petersilie
9 EL Kerbelblättchen

1. Die Möhren waschen, putzen, schälen und in dünne Scheiben schneiden.
2. Die Austernpilze putzen, kurz waschen und grob zerschneiden.
3. Die Zwiebel schälen und fein würfeln. Die Butter in einer Pfanne zerlassen und die Zwiebelwürfel darin glasig dünsten. Möhren und Pilze hinzufügen und mitschmoren lassen.
4. Das Ragout mit dem Vollkornmehl bestäuben und die Gemüsebrühe dazugießen. Dabei gut umrühren. Danach das Ragout zugedeckt 15 bis 20 Minuten leicht köcheln lassen.
5. Das Ragout mit der Sahne verfeinern und mit den Kräutern bestreuen.

Tipp:
Dazu passt ein Kartoffelpüree oder Reis.

Bunte Gemüsesuppe

KOHLENHYDRATGERICHT
ZUBEREITUNGSZEIT: CA. 45 MINUTEN
2 PORTIONEN
CA. 260 KCAL JE PORTION

3 Möhren
1 mittelgroße Stange Lauch
300 g Kartoffeln
1 rote Paprikaschote
1 fester Zucchino (ca. 150 g)
1 EL Butter
¾ l vegetarische Gemüsebrühe (aus Instantpulver hergestellt)
2–3 geschälte Knoblauchzehen
etwas Kräutersalz
1 Msp. Cayennepfeffer
3 EL gehackte Blattpetersilie

1. Die Möhren schälen, abspülen, trockentupfen und in dünne Scheiben schneiden. Den Lauch putzen, gründlich waschen und in recht feine Ringe schneiden.
2. Die Kartoffeln schälen, waschen und fein würfeln. Die Paprikaschote waschen, trockenreiben, halbieren, entkernen und ebenfalls fein würfeln.
3. Den Zucchino putzen, waschen, trockenreiben, der Länge nach vierteln und quer in Scheiben schneiden.
4. Die Butter in einem Topf erwärmen und die Möhren bei milder Hitze darin einige Minuten anbraten. Das vorbereitete Gemüse dazugeben und unter Rühren langsam die Brühe hinzugießen.
5. Nach Belieben den Knoblauch dazugeben und alles einmal aufkochen lassen. Den Topf schließen und das Ganze bei geringer Hitze etwa 20 Minuten garen.
6. Die fertige Suppe mit Salz und Cayennepfeffer abschmecken und mit der Petersilie bestreut servieren.

TIPP:
Tauschen Sie die Gemüsesorten nach Lust und Laune sowie nach saisonalem Angebot aus. Kochen Sie nur keine Tomaten mit, denn die gehören in gegartem Zustand zur Eiweißgruppe.

Grüner Gemüsesalat

KOHLENHYDRATGERICHT
ZUBEREITUNGSZEIT: CA. 60 MINUTEN
2 PORTIONEN
CA. 650 KCAL JE PORTION

FÜR DEN SALAT:
400 g fest kochende Kartoffeln
300 g Brokkoli
ca. 1 TL Meersalz
100 g frischer Blattspinat
1 feste, reife Avocado
1 grüne Paprikaschote

FÜR DIE SAUCE:
1 Packung frische Grüne-Sauce-Kräuter (Petersilie, Sauerampfer etc.)
150 g Sahnedickmilch
150 g Naturjogurt (3,5 % Fett)
ca. 1 TL Kräutersalz

AUSSERDEM:
8 frisch gehackte Walnusskerne
2 EL frisch gehackter Kerbel

1. Die Kartoffeln in reichlich Wasser als Pellkartoffeln garen, anschließend abgießen, leicht abkühlen lassen, dann pellen und in Würfel schneiden.
2. Den Brokkoli putzen, in kleine Röschen zerteilen und waschen. Die Brokkolistiele waschen, schälen und in kleine Stücke schneiden. Das Brokkoligemüse in leicht gesalzenem Wasser etwa 15 Minuten köcheln lassen, anschließend abgießen und gut abtropfen lassen.
3. In der Zwischenzeit den Spinat verlesen, gründlich waschen und gut abtropfen lassen. Die größeren Blätter etwas zerkleinern.
4. Die Avocado schälen, halbieren, entkernen und längs in schmale Spalten schneiden. Diese quer halbieren. Die Paprikaschote waschen, trockenreiben, vierteln, entkernen und quer in feine Streifen schneiden.
5. Die Kräuter eventuell putzen, gut waschen, trockenschütteln und grob zerkleinern. Die Dickmilch zusammen mit dem Jogurt verrühren und zusammen mit den Kräutern im Mixer pürieren. Die Sauce mit Salz abschmecken.
6. Alle vorbereiteten Zutaten miteinander vermischen. Den Salat mit der grünen Sauce anmachen und mit den Walnüssen sowie dem Kerbel bestreuen.

TIPP:
Die Sauce eignet sich auch sehr gut als Dressing für Blatt- und Rohkostsalate.

Überbackene Champignonpolenta

KOHLENHYDRATGERICHT
ZUBEREITUNGSZEIT: CA. 40 MINUTEN
2 PORTIONEN
CA. 450 KCAL JE PORTION

300 ml vegetarische Gemüsebrühe (aus Instantpulver zubereitet)
100 g Maisgrieß
500 g Champignons
1 Bund Frühlingszwiebeln
1 Knoblauchzehe
1 EL kaltgepresstes Olivenöl
½ TL Kräutersalz
2 TL gehackter Thymian
etwas Butter für die Form
100 g Speisequark (20 % Fett i. Tr.)
½ TL geriebene Muskatnuss
60 g Mozzarella

1. Die Gemüsebrühe in einem Topf zum Kochen bringen und den Maisgrieß hineinstreuen. Den Grieß etwa 20 Minuten bei kleiner Hitze zugedeckt quellen lassen. Nach 10 Minuten den Backofen auf 200° C vorheizen.
2. Inzwischen die Champignons waschen, putzen und in dünne Scheiben schneiden. Die Frühlingszwiebeln waschen, putzen und in Ringe schneiden. Den Knoblauch schälen und durch die Presse drücken.
3. Das Öl in einer großen Pfanne erhitzen. Die Champignons zusammen mit den Zwiebeln und dem Knoblauch 7 bis 8 Minuten dünsten, bis die Flüssigkeit fast verdampft ist. Alles mit Kräutersalz und Thymian würzen.
4. Eine flache Auflaufform (20 cm Ø) dünn mit Butter ausfetten. Den Quark unter den gequollenen Maisgrieß rühren und die Masse mit Muskat abschmecken.
5. Die Polenta in die Form füllen und glatt streichen. Die gedünsteten Champignons darauf verteilen. Den Mozzarella in Würfelchen schneiden und ebenfalls darauf legen. Die Polenta etwa 15 Minuten im Backofen auf der mittleren Schiene backen, bis der Käse gut verlaufen ist.

TIPP:
Kochen Sie die doppelte Menge Polenta, aber verarbeiten Sie nur die Hälfte davon, wie unter Punkt 4 beschrieben. Lassen Sie die andere Hälfte weiter 15 Minuten im Topf quellen. Würzen Sie sie mit Muskat, streichen Sie den Brei flach auf einen Teller und lassen Sie ihn abkühlen. Schneiden Sie die Masse am nächsten Tag in Rechtecke und wenden Sie diese zunächst in Eigelb und dann in geriebenen Haselnüssen. Braten Sie sie in einer Pfanne und servieren Sie sie zusammen mit gedünstetem Gemüse.

Grießklößchen mit Apfelkompott

KOHLENHYDRATGERICHT
ZUBEREITUNGSZEIT: CA. 35 MINUTEN
2 PORTIONEN
CA. 600 KCAL JE PORTION

FÜR DIE KLÖSSCHEN:
40 g gehobelte Mandeln
200 ml Wasser
4 EL süße Sahne
120 g Vollkorngrieß
1 Eigelb
2 EL Honig

AUSSERDEM:
1 TL Meersalz

FÜR DAS KOMPOTT:
4–5 mürbe Äpfel (500 g küchenfertig)
150 ml Wasser
1 kleine Stange Zimt
1 EL Honig
1 TL gemahlener Zimt

1. Die Mandeln ohne Fettzugabe in einer Pfanne goldbraun rösten. 200 ml Wasser und die Sahne angießen und alles aufkochen lassen.
2. Nun den Vollkorngrieß unter Rühren hineinrieseln lassen und ihn bei geringer Hitzezufuhr und unter ständigem Rühren so lange ausquellen lassen, bis die Grießmasse fest und formbar ist (ca. 5 Minuten).
3. Den Grieß etwas abkühlen lassen und dann das Eigelb und den Honig darunter rühren.
4. Leicht gesalzenes Wasser zum Sieden bringen. Mit zwei Teelöffeln von der Grießmasse kleine Klößchen abstechen und sie im siedenden Wasser so lange gar ziehen lassen, bis sie an der Oberfläche schwimmen (ca. 10 Minuten).
5. In der Zwischenzeit das Kompott zubereiten. Dafür die Äpfel vierteln, schälen und die Kerngehäuse entfernen.
6. Die Apfelstücke zusammen mit 150 ml Wasser in einen Topf geben. Die Zimtstange hinzufügen und alles etwa 10 Minuten köcheln lassen.
7. Die Apfelstücke danach zerstampfen und das Kompott mit dem Schneebesen locker aufschlagen.
8. Das Kompott etwas abkühlen lassen und mit dem Honig süßen. Die Grießklößchen zusammen mit dem Apfelkompott servieren und mit dem Zimt bestäuben.

Pizza romana

Kohlenhydratgericht
Zubereitungszeit: ca. 1½ Stunde
Backzeit: ca. 15 Minuten
2 Portionen
ca. 620 kcal je Portion

Für den Teig:
25 g frische Hefe
130 ml Wasser
200 g feines Dinkel- oder Weizenvollkornmehl
1 TL Kümmelpulver
1 TL Korianderpulver
½ TL Meersalz
1 TL kaltgepresstes Sonnenblumenöl
etwas Butter für die Form

Für den Belag:
1 grüne Paprikaschote
1 rote Paprikaschote
1 kleine Fenchelknolle
1 kleine Stange Lauch
1 Gemüsezwiebel
1 EL kaltgepresstes Olivenöl
1 TL Kräutersalz
1–2 TL gerebelter Oregano oder Pizzagewürz
nach Belieben 1 Knoblauchzehe
1 TL vegetarische Gemüsebrühe (Instantpulver)
60 g Käse 60 % Fett i. Tr. (Rahmgouda oder Mozzarella)
3 EL gemischte, gehackte Kräuter (Majoran, Basilikum, Thymian, Petersilie)

1. Die Hefe in 130 ml warmem Wasser auflösen und mit der Hälfte des Vollkornmehls zu einem Vorteig verrühren. Diesen etwa 20 Minuten an einem warmen Ort gehen lassen.
2. Anschließend das restliche Mehl, den Kümmel, den Koriander, das Meersalz und das Sonnenblumenöl hinzufügen und alles zu einem geschmeidigen Teig verkneten.
3. Eine Pizzaform (28 cm Ø) mit Butter ausfetten, den Teig gleichmäßig auf dem Boden verteilen und mit einer Gabel mehrmals einstechen. Ihn anschließend nochmals zugedeckt an einem warmen Ort gehen lassen, (ca. 20 Minuten lang).
4. Inzwischen die Paprikaschoten, den Fenchel, den Lauch und die Zwiebel putzen und alles in feine Streifen bzw. in dünne Scheiben schneiden.
5. Das Gemüse in dem Olivenöl andünsten und mit dem Kräutersalz, dem Oregano oder dem Pizzagewürz abschmecken. Nach Belieben die Knoblauchzehe dazudrücken.
6. Den Backofen auf 200° C vorheizen. Das Gemüse auf dem Teig verteilen und die Instantbrühe darüber streuen.
7. Die Pizza im Backofen in etwa 15 Minuten backen.
8. Den Käse in Streifen schneiden, sie mit den Kräutern mischen und alles auf der Pizza verteilen. Sie dann weitere 8 Minuten goldgelb backen.
9. Die Pizza in 8 Stücke teilen und nach Belieben einen kleinen, neutralen Salat dazu essen.

Dinkelsuppe mit Käseklößchen

KOHLENHYDRATGERICHT
ZUBEREITUNGSZEIT: CA. 60 MINUTEN
QUELLZEIT: ÜBER NACHT
2 PORTIONEN
CA. 630 KCAL JE PORTION

FÜR DIE SUPPE:
100 g Dinkelkörner
1 Zwiebel
1 Bund Suppengrün
1 EL Butter
2 EL gehackter Liebstöckel
¾ l vegetarische Gemüsebrühe
(aus Instantpulver zubereitet)

FÜR DIE KLÖSSCHEN:
60 g Camembert (mind. 60 % Fett i. Tr.)
50 g Vollkornsemmelbrösel
1 frisches Eigelb
5 EL süße Sahne
1 EL fein gehackte Petersilie

1. Den Dinkel in einen Topf geben, mit Wasser bedecken und über Nacht quellen lassen.
2. Am nächsten Tag den Dinkel bei geringer Hitze im geschlossenen Topf etwa 25 Minuten garen, anschließend abgießen.
3. In der Zwischenzeit die Zwiebel schälen und das Suppengrün putzen, waschen und trockentupfen. Das gesamte Gemüse fein hacken und in der Butter glasig dünsten.
4. Dinkel sowie Liebstöckel dazugeben und alles mit der Brühe auffüllen. Die Suppe etwa 8 Minuten leise köcheln lassen, dann den Herd ausschalten.
5. In der Zwischenzeit den Camembert klein schneiden. Semmelbrösel zusammen mit Eigelb, Käse, Sahne und Petersilie verkneten.
6. Aus dem Teig 12 kleine Klöße formen, in die Suppe geben und bei offenem Topf etwa 10 Minuten darin ziehen lassen.

Schweizer Krautwickel mit Krautsalat

Kohlenhydratgericht
Zubereitungszeit: ca. 2 Stunden
Zeit zum Durchziehen: ca. 2 Stunden
2 Portionen
ca. 840 kcal je Portion

Für den Salat:
1 Weißkohlkopf (ca. 1 kg)
1 Zwiebel
1½ EL vergorenes Molkekonzentrat (Molkosan aus dem Reformhaus)
100 ml Wasser
1½ EL kaltgepresstes Sonnenblumenöl
1 TL Kräutersalz
1 TL zerstoßene Kümmelkörner
1 Msp. Cayennepfeffer

Für die Krautwickel:
8–10 äußere Blätter vom Weißkohlkopf
1 TL Meersalz
1 Zwiebel
200 g frische Champignons
1 EL Butter
80 g Hirse
½ l Wasser
80 g fester Camembert (mind. 60 % Fett i. Tr.)
4 EL süße Sahne
2 TL Currypulver
2 TL gehackter Liebstöckel
2 EL vegetarische Gemüsebrühe (Instantpulver)
1½ EL ungehärtetes Kokosfett (Reformhaus)
ca. 10 g getrocknete Steinpilze
1 Lorbeerblatt
¼ TL Cayennepfeffer
½ TL Muskatnusspulver
2–3 Messlöffel pflanzliches Bindemittel (z.B. Nestargel aus dem Reformhaus)
4 EL süße Sahne

1. Den Kohlkopf putzen, den Strunk herausschneiden und den Kohl in reichlich Salzwasser ungefähr 18 Minuten kochen lassen, anschließend herausnehmen, abkühlen lassen, 8 bis 10 äußere Blätter ablösen, von festen Blattrippen befreien und dann bereitlegen.
2. Den restlichen Kohl halbieren, quer in ganz feine Streifen schneiden und mit den Händen etwas ausdrücken. Die Zwiebel schälen, fein hacken und unter das Kraut mischen.
3. Das Molkekonzentrat mit etwa 100 ml Wasser mischen und das Öl darunter schlagen. Die Sauce mit den Würzzutaten abschmecken, den Salat damit anmachen und etwa 2 Stunden ziehen lassen.
4. In der Zwischenzeit die Zwiebel schälen und fein würfeln. Die Champignons putzen, waschen, trockenreiben und fein hacken. Beides in der Butter andünsten.

5. Die Hirse in ein Sieb geben, heiß abspülen, unter die Pilz-Zwiebel-Mischung rühren und alles 5 bis 8 Minuten schmoren. Das Ganze mit etwa ½ l Wasser auffüllen, zudecken und 20 bis 25 Minuten köcheln lassen. Anschließend die restliche Flüssigkeit verdampfen lassen.
6. Inzwischen den Käse in kleine Würfel schneiden. Ihn dann zusammen mit Sahne, Curry sowie 1 TL Liebstöckel unter die fertige Hirse rühren und das Ganze mit etwa 1 EL Brühe abschmecken.
7. Je 2 bis 3 Kohlblätter pro Roulade dachziegelartig übereinander legen und je ein Viertel der Hirsemischung darauf geben, die Blätter zusammenrollen, mit Zwirn umwickeln.
8. Das Fett in einem Bräter erhitzen, die Krautwickel darin rundherum braun anbraten und alles mit etwa ½ l Kohlbrühe auffüllen.
9. Getrocknete Pilze, Lorbeerblatt, restliche Gemüsebrühe, Cayennepfeffer, restlichen Liebstöckel sowie Muskatnuss dazugeben. Alles etwa 35 Minuten köcheln lassen.
10. Anschließend das Lorbeerblatt entfernen und die Sauce nach Belieben mit dem Bindemittel binden (Packungsangaben beachten). Alles nochmals kurz aufkochen und mit der Sahne verfeinern. Salat, Roulade und Sauce zusammen servieren.

Ländlicher Reiseintopf

Kohlenhydratgericht
Zubereitungszeit: ca. 45 Minuten
Quellzeit: ca. 8 Stunden
2 Portionen
ca. 345 kcal je Portion

100 g Naturreis
1 mittelgroße Stange Lauch
3 große Möhren
1 Kohlrabi
150 g frische Austernpilze
1½ EL Butter
400 ml vegetarische Gemüsebrühe (aus Instantpulver zubereitet)
2–3 EL frisch gehackter Liebstöckel
5 EL gehackte Blattpetersilie

1. Den Reis in einen Topf geben, mit Wasser bedecken und etwa 8 Stunden (am besten über Nacht) quellen lassen.
2. Am nächsten Tag den Reis im geschlossenen Topf etwa 25 Minuten bei milder Hitze garen, anschließend abgießen.
3. In der Zwischenzeit den Lauch putzen, gründlich waschen und in feine Ringe schneiden. Möhren und Kohlrabi putzen, waschen, schälen und in kleine Würfel schneiden.
4. Die Pilze putzen, waschen, trockentupfen und dann in grobe Stücke schneiden.
5. Die Butter in einem Topf schmelzen lassen, zunächst das Gemüse darin einige Minuten andünsten, dann die Pilze hinzufügen und kurz mitdünsten.
6. Die Brühe unter Rühren dazugießen, den Topf schließen und das Ganze etwa 15 Minuten köcheln lassen.
7. Den Reis hinzufügen, alles erwärmen und den Liebstöckel hineinrühren. Den Eintopf mit der Petersilie bestreut servieren.

Hauptgerichte aus der Eiweißgruppe

Tofu-Spießchen

EIWEISSGERICHT
ZUBEREITUNGSZEIT: CA. 40 MINUTEN
2 PORTIONEN
CA. 620 KCAL JE PORTION

2–3 Zwiebeln
1 Zucchini (300 g)
1 rote Paprikaschote
16 kleine Champignons
16 Kirschtomaten
250 g fester Tofu
8 EL kaltgepresstes Olivenöl
3–4 TL Kräutersalz

1. Die Zwiebeln schälen und in Achtel schneiden. Die Zucchini waschen, putzen und in Scheiben schneiden.
2. Die Paprikaschote waschen, putzen und in viereckige Stücke schneiden.
3. Die Champignons und die Kirschtomaten waschen und putzen.
4. Den Tofu in 2 bis 3 cm große Würfel schneiden. Das Gemüse und die Tofuwürfel in bunter Reihe auf Schaschlikspieße stecken. Anschließend mit dem Öl bepinseln und mit dem Kräutersalz bestreuen. Die Spieße in einer beschichteten Pfanne etwa 15 Minuten rundum braun braten oder auf einem Grill grillen.

TIPP:
Essen Sie dazu die „Sahnige Knoblauchsauce“ (siehe Seite 113) und zusätzlich einen Salat aus der neutralen oder eiweißreichen Gruppe.

Champignonrühreier

EIWEISSGERICHT
ZUBEREITUNGSZEIT: CA. 20 MINUTEN
2 PORTIONEN
CA. 345 KCAL JE PORTION

200 g Champignons
1 Zwiebel
1 EL kaltgepresstes Sonnenblumenöl
4 Eier
80 ml Mineralwasser
4 EL Sahne
Meersalz
2 EL Schnittlauchröllchen

1. Die Champignons putzen, kurz waschen und in feine Scheiben schneiden. Die Zwiebel schälen und fein würfeln.
2. Das Öl in einer Pfanne nicht zu stark erhitzen und Champignons sowie Zwiebelwürfel darin andünsten.
3. Die Eier mit dem Mineralwasser und der Sahne gut verquirlen und mit Meersalz würzen. Den Schnittlauch darunter rühren.
4. Die Eiermasse in die Pfanne über die Champignons gießen und bei geringer Hitzezufuhr stocken lassen. Zwischendurch umrühren.

TIPP:
Essen Sie dazu einen frischen neutralen oder den Eiweißen zugeordneten Salat (siehe Seite 45 bis 54).

Fitmachersalat

EIWEISSGERICHT
ZUBEREITUNGSZEIT: CA. 25 MINUTEN
2 PORTIONEN
CA. 550 KCAL JE PORTION

FÜR DEN SALAT:
1 kleiner Eisbergsalat
1 kleiner Kohlrabi
2 Möhren
2 säuerliche Äpfel
2 EL Zitronensaft
20 grüne Weintrauben

FÜR DIE SAUCE:
1½ EL Zitronensaft
1 EL abgeriebene Schale einer unbehandelten Zitrone
100 ml frisch gepresster Orangensaft
1 EL kaltgepresstes Sonnenblumenöl
4 EL süße Sahne
1 EL Wodka oder Orangensaft
einige Tropfen Tabasco
1 EL Frutilose (Obstdicksaft aus dem Reformhaus)
etwas Meersalz

AUSSERDEM:
120 g Gouda oder Bergkäse
5 EL Soja- oder Mungobohnensprossen

1. Den Salat putzen, waschen, gut abtropfen lassen und die Blätter etwas kleiner zupfen. Kohlrabi und Möhren schälen, abspülen, trockentupfen und in feine Stifte hobeln.
2. Die Äpfel waschen, trockenreiben, vierteln, entkernen und in kleine Würfel schneiden. Diese sofort mit dem Zitronensaft beträufeln.
3. Die Trauben waschen, trockentupfen, halbieren und entkernen. Alle vorbereiteten Zutaten miteinander vermischen.
4. Für die Sauce den Zitronensaft zusammen mit der Zitronenschale und dem Orangensaft verrühren. Öl und Sahne darunter schlagen, alles mit 4 EL Wasser verdünnen und mit Wodka oder Orangensaft, Tabasco, Frutilose sowie Salz abschmecken.
5. Die Sauce unter den Salat mischen. Den Käse in feine Streifen schneiden und auf den Salat geben. Die Keimlinge kurz in kochendem Wasser blanchieren, dann abschrecken, trockenschwenken und darüber streuen.

VORSPEISENTIPP:
Wir empfehlen vorab eine neutrale „Klare Gemüsesuppe“ (Seite 59).

Schaumomelett mit Pilzen

EIWEISSGERICHT
ZUBEREITUNGSZEIT: CA. 45 MINUTEN
2 PORTIONEN
CA. 375 KCAL JE PORTION

FÜR DIE FÜLLUNG:
1 Zwiebel
200 g frische Waldpilze (z.B. Steinpilze oder Maronen) oder frische Austernpilze
1 EL Butter
½ TL Kräutersalz

FÜR DIE OMELETTS:
4 frische Eier
6 EL Mineralwasser
2 EL süße Sahne
½ TL Meersalz
Paprikapulver, edelsüß
2 EL kaltgepresstes Sonnenblumenöl
1 Bund Schnittlauch, in Röllchen geschnitten

1. Die Zwiebel schälen und fein würfeln. Die Pilze putzen, waschen, trockenreiben, je nach Größe zunächst klein und dann in dünne Scheiben schneiden.
2. Die Butter in einer Pfanne zerlassen, die Zwiebelwürfel darin glasig dünsten, die Pilze hinzufügen und alles unter Rühren kurz schmoren lassen, dann mit dem Salz abschmecken und warm stellen.
3. Die Eier trennen und das Eiweiß steif schlagen. Die Eigelbe zusammen mit Mineralwasser, Sahne, Salz sowie Paprikapulver cremig verrühren und das Eiweiß vorsichtig darunter heben.
4. Etwa 1 Esslöffel Öl in einer Pfanne erhitzen, die Hälfte der Schaummasse hineingeben und glatt streichen. Die Pfanne abdecken und das Omelett bei schwacher Hitze 6 bis 8 Minuten backen, dann warm stellen.
5. Auf die gleiche Art das andere Omelett zubereiten. Dann je die Hälfte der Pilze auf ein Omelett geben und dieses zusammenklappen. Beide mit den Schnittlauchröllchen bestreuen.

TIPP:
Wählen Sie dazu einen großen Teller Feldsalat (S. 45, Eiweißgericht) oder vorab eine neutrale „Klare Gemüsesuppe“ (S. 59).

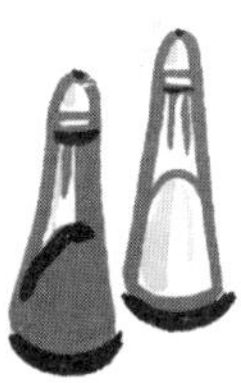

Gefüllte Zwiebeln

Eiweissgericht
Zubereitungszeit: ca. 60 Minuten
Garzeit im Ofen: ca. 15 Minuten
2 Portionen
ca. 355 kcal je Portion

4 Gemüsezwiebeln
300 g Champignons
2 EL Butter
2 TL vegetarische Gemüsebrühe (Instantpulver)
1 TL Korianderpulver
1–2 TL Currypulver
nach Belieben 1–2 Knoblauchzehen
100 g Gouda (45 % Fett i. Tr.)
4 EL saure Sahne
1 Zweig Petersilie

1. Die Zwiebeln schälen und im Ganzen in wenig Wasser etwa 10 Minuten dünsten. Das Kochwasser aufheben, die Zwiebeln etwas abkühlen lassen, einen Deckel abschneiden und jede Zwiebel aushöhlen.
2. Die Champignons in feine Blätter schneiden. Die inneren Teile der Zwiebeln und die Deckel fein hacken und in der Butter zusammen mit den Champignons anbraten.
3. Das Ganze mit Instantbrühe, Koriander und Curry mild abschmecken. Nach Belieben den Knoblauch durch eine Presse dazudrücken.
4. Den Backofen auf 160° C vorheizen, den Käse in kleine Würfel schneiden, zusammen mit der sauren Sahne zum Gemüse geben und die Zwiebeln damit füllen. Übrige Füllung beiseite stellen.
5. Die gefüllten Zwiebeln in eine Auflaufform setzen, etwas Zwiebelkochwasser angießen und die übrige Füllung in die Form geben.
6. Die Auflaufform in den Ofen stellen und die Zwiebeln etwa 15 Minuten backen. Sie dann mit Petersilie garnieren.

Tipp:
Essen Sie dazu einen frischen, neutralen oder den Eiweißen zugeordneten Salat (Seite 45 bis 54).

Überbackene Auberginen

EIWEISSGERICHT
ZUBEREITUNGSZEIT: CA. 30 MINUTEN
GARZEIT IM OFEN: CA. 50 MINUTEN
2 PORTIONEN
CA. 595 KCAL JE PORTION

1 Aubergine (500 g)
Meersalz
8 Tomaten (500 g)
3 Eier
50 g geriebener Parmesan
1 EL kaltgepresstes Olivenöl
6 EL Wasser
1 TL Thymian
1 TL Rosmarin
1 EL vegetarische Gemüsebrühe (Instantpulver)
nach Belieben 1–2 Knoblauchzehen
125 g Mozzarella

1. Den Stielansatz der Aubergine entfernen und dic Frucht in ½ cm dicke Scheiben schneiden.
2. Die Scheiben jeweils auf beiden Seiten leicht salzen, in ein Sieb legen und etwa 30 Minuten lang Saft ziehen lassen.
3. In der Zwischenzeit die Stielansätze der Tomaten entfernen und die Tomaten mit dem Schneidstab pürieren. Das Püree nach Belieben durch ein Sieb streichen.
4. Die Eier schaumig aufschlagen und zu dem Tomatenpüree geben. Den Parmesan, das Öl, 6 EL Wasser, Thymian, Rosmarin und Instantbrühe hinzufügen. Nach Belieben die Knoblauchzehen durch eine Presse dazudrücken und alles gut verrühren.
5. Nun den Backofen auf 180° C vorheizen. Die Auberginenscheiben abtrocknen. Sie abwechselnd mit der Tomatensauce in eine feuerfeste Form geben.
6. Den Mozzarella in Scheiben schneiden und zuletzt auf die Auberginen legen. Die Form in den Ofen stellen und die Auberginen in etwa 50 Minuten backen. Sollte der Käse zu braun werden, die Form abdecken.

Brokkoli-Eier-Auflauf

EIWEISSGERICHT
ZUBEREITUNGSZEIT: CA. 50 MINUTEN
2 PORTIONEN
CA. 525 KCAL JE PORTION

500 g Brokkoli
Meersalz
1 Gemüsezwiebel
2 TL Sonnenblumenöl
4 Tomaten
4 Eier
100 g saure Sahne
1–2 TL vegetarische Gemüsebrühe (Instantpulver)
1 TL Butter für die Form
40 g geriebener Parmesan

1. Den Brokkoli putzen, waschen und in kleine Röschen zerteilen. Die Stiele abschneiden, schälen und in 2 cm große Stücke schneiden. Den Brokkoli in Salzwasser in 10 Minuten bissfest garen.
2. Die Zwiebel schälen und in Scheiben schneiden. In dem Öl kurz anbraten.
3. Die Tomaten waschen und die Stielansätze herausschneiden. Die Früchte eventuell enthäuten, dann achteln und pürieren. Den Backofen auf 180° C vorheizen.
4. Die Eier verquirlen und mit dem Tomatenpüree, der sauren Sahne sowie der Gemüsebrühe verrühren.
5. Eine Auflaufform mit der Butter einfetten und Brokkoligemüse sowie Zwiebeln hineingeben. Die Eiermasse darüber gießen, alles mit dem Parmesankäse bestreuen und etwa 20 Minuten backen.

Italienischer Bohneneintopf

EIWEISSGERICHT
ZUBEREITUNGSZEIT: CA. 40 MINUTEN
2 PORTIONEN
CA. 240 KCAL JE PORTION

400 g grüne Bohnen
etwas Meersalz
1 Zweig Bohnenkraut
1 Zwiebel
1 Knoblauchzehe
1 große rote Paprikaschote
1 Zucchino (150 g)
100 g Champignons
4 vollreife Tomaten
2 EL kaltgepresstes Olivenöl
½ l vegetarische Gemüsebrühe (aus Instantpulver hergestellt)
1 TL getrockneter Thymian
1 TL getrockneter Oregano
1 TL Kräutersalz
50 g saure Sahne

1. Die gewaschenen und geputzten Bohnen in wenig, leicht gesalzenem Wasser bei mäßiger Hitze bissfest garen und mit dem Bohnenkraut würzen.
2. In der Zwischenzeit die Zwiebel und den Knoblauch schälen und in Spalten schneiden. Die Paprikaschote halbieren, das Kerngehäuse entfernen, waschen und die Schote in schmale Streifen schneiden.
3. Die Zucchini waschen, die Champignons waschen und putzen und beides in Scheiben schneiden.
4. Die Tomaten über Kreuz einritzen, kurz in kochendem Wasser überbrühen, enthäuten, von den Stielansätzen befreien und in kleine Würfel schneiden.
5. Das Öl in einer Pfanne erhitzen und die Zwiebelspalten und den Knoblauch darin anbraten. Anschließend die Paprikastreifen, Zucchini- und Pilzscheiben und Tomatenwürfel hinzufügen, kräftig anbraten und mit der Brühe löschen. Mit dem Thymian, Oregano und Kräutersalz würzen. Zugedeckt etwa 8 Minuten bei geringer Hitze schmoren lassen.
6. Dann die Bohnen abgießen und zum Gemüse geben. Mit der sauren Sahne verfeinern.

Zucchini-Tomaten-Gratin

EIWEISSGERICHT
ZUBEREITUNGSZEIT: CA. 45 MINUTEN
2 PORTIONEN
CA. 540 KCAL JE PORTION

5 kleine Zucchini
etwas Meersalz
500 g Tomaten
4 frische Eier
10 EL Mineralwasser
4 EL süße Sahne
2 TL vegetarische Gemüsebrühe (Instantpulver)
1–2 Knoblauchzehen
80 g geriebener Parmesankäse
etwas Petersilie zum Garnieren

1. Die Zucchini waschen, die Stielansätze entfernen und das Gemüse in wenig leicht gesalzenem Wasser 8 bis 10 Minuten dünsten. Anschließend die Zucchini in nicht zu dünne Scheiben schneiden.
2. Die Tomaten über Kreuz einritzen, für etwa 15 Sekunden in kochendes Wasser geben, abschrecken und die Haut abziehen. Ebenfalls in Scheiben schneiden. Abwechselnd die Zucchini- und Tomatenscheiben schuppenartig in eine Auflaufform legen. Den Backofen auf 175° C vorheizen.
3. Die Eier mit dem Mineralwasser und der Sahne verquirlen und mit der vegetarischen Brühe würzen. Die Knoblauchzehe schälen, durch eine Presse dazudrücken und die Eiermischung auf den Auflauf gießen.
4. Das Ganze mit dem Parmesankäse bestreuen und 25 bis 30 Minuten überbacken. Mit der Petersilie garnieren.

Pilzgemüse mit Schafskäse

EIWEISSGERICHT
ZUBEREITUNGSZEIT: CA. 35 MINUTEN
2 PORTIONEN
CA. 450 KCAL JE PORTION

1 große Zwiebel
250 g Austernpilze
1 Aubergine
3 EL Olivenöl
500 g reife Tomaten
3 TL vegetarische Gemüsebrühe (Instantpulver)
1 Msp. Cayennepfeffer
1–2 Knoblauchzehen
160 g Schafskäse (Feta)
10 Basilikumblättchen

1. Die Zwiebel schälen und in feine Ringe schneiden. Die Austernpilze wenn nötig putzen und dann in nicht zu feine Streifen schneiden.
2. Die Aubergine waschen, vom Stielansatz befreien und klein würfeln.
3. Das Öl in einer Pfanne nicht zu stark erhitzen und alles zusammen unter Rühren etwa 10 Minuten braten.
4. Die Tomaten waschen, die Stielansätze entfernen und das Fruchtfleisch mit dem Schneidstab pürieren. Das Püree zum Gemüse geben und alles mit der vegetarischen Brühe und dem Cayennepfeffer würzen. Den Knoblauch schälen, pressen und unter das Gemüse rühren. Das Ganze weitere 5 Minuten leicht köcheln lassen.
5. Zum Schluss den Schafskäse zerbröseln, unter das Pilzgemüse rühren und alles zugedeckt etwa 5 Minuten erwärmen, bis der Käse geschmolzen ist. Mit den Basilikumblättchen garnieren.

Überbackener Blumenkohl in Tomatenwürfeln

EIWEISSGERICHT
ZUBEREITUNGSZEIT: CA. 40 MINUTEN
2 PORTIONEN
CA. 370 KCAL JE PORTION

1 kleiner Blumenkohl
1 TL Meersalz
600 g reife Tomaten
1–2 TL Kräutersalz
1 TL Oregano
1 TL Rosmarin
1 Msp. Cayennepfeffer
8–10 Basilikumblättchen
150 g Gouda (45 % Fett i. Tr.)

1. Den Blumenkohl waschen, putzen und in Röschen teilen. Diese in wenig Salzwasser in 5 bis 8 Minuten halb gar kochen und anschließend in eine feuerfeste Form geben.
2. Inzwischen die Tomaten über Kreuz einritzen, kurz überbrühen und enthäuten. Die Stielansätze herausschneiden und die Früchte grob zerschneiden.
3. Die Tomatenwürfel mit Kräutersalz, Oregano, Rosmarin, Cayennepfeffer und fein gehackten Basilikumblättchen würzen und alles zu den Blumenkohlröschen geben.
4. Den Käse in kleine Würfel schneiden und über dem Gemüse verteilen. Die Form im Ofen gut 15 bis 20 Minuten überbacken.

Gratinierte Champignons mit Sauerkraut

EIWEISSGERICHT
ZUBEREITUNGSZEIT: CA. 35 MINUTEN
2 PORTIONEN
CA. 650 KCAL JE PORTION

200 g Champignons
1 große Zwiebel
1 frische kleine Ananas
2 EL Butter
500 g Sauerkraut
1 TL Kräutersalz
8 EL süße Sahne
6 gehackte Walnusskerne
100 g geriebener Käse
(45 % Fett i. Tr., z.B. Gouda)

1. Die Champignons kurz waschen, putzen, trockentupfen und in Scheiben schneiden. Die Zwiebel schälen und fein würfeln. Die Ananas schälen, längs vierteln, die Innenstrünke herausschneiden und das Fruchtfleisch in kleine Würfel schneiden.
2. Die Butter in einer Pfanne schmelzen lassen und die Pilze zusammen mit den Zwiebelwürfeln darin leicht anbraten.
3. Das Sauerkraut etwas zerkleinern und zusammen mit der Ananas zu den Pilzen geben. Mit dem Kräutersalz leicht würzen und die süße Sahne darunter rühren. Alles etwa 10 Minuten unter Rühren dünsten. In der Zwischenzeit den Backofen auf 200° C vorheizen.

4. Das Pilzgemüse in eine Auflaufform geben und mit den gehackten Walnusskernen bestreuen. Den Käse auf das Gemüse streuen und das Ganze auf der mittleren Schiene in etwa 15 Minuten überbacken.

Schweizer Bohnensalat

EIWEISSGERICHT
ZUBEREITUNGSZEIT: CA. 40 MINUTEN
2 PORTIONEN
CA. 680 KCAL JE PORTION

FÜR DEN SALAT:
600 g grüne Bohnen
etwas Meersalz

FÜR DIE SAUCE:
175 g Sahnedickmilch
1 EL Balsamessig
1 TL Kräutersalz
1 Zwiebel
150 g TK-Maiskörner

AUSSERDEM:
120 g Schweizer Emmentaler oder Greyerzer
4 EL gehackte Walnüsse

1. Die Bohnen wenn nötig abfädeln, in etwa 3 cm lange Stücke schneiden und in leicht gesalzenem Wasser in etwa 10 Minuten bissfest garen.
2. Inzwischen die Sahnedickmilch, den Essig und das Kräutersalz verrühren.
3. Die Bohnen abgießen und abkühlen lassen. Die Zwiebel schälen, sehr fein würfeln und zusammen mit den Maiskörnern in die Sauce geben.
4. Die Salatsauce mit den Bohnen mischen. Den Käse in feine Streifen schneiden, in die Mitte auf den Salat geben und ihn mit den gehackten Nüssen bestreuen.

Paprikagemüse mit Spiegeleiern

EIWEISSGERICHT
ZUBEREITUNGSZEIT: CA. 25 MINUTEN
2 PORTIONEN
CA. 480 KCAL JE PORTION

FÜR DAS GEMÜSE:
2 gelbe Paprikaschoten
3 rote Paprikaschoten
1 dicke Zwiebel
2 EL Butter
1 EL vegetarische Gemüsebrühe (Instantpulver)

FÜR DIE EIER:
2 EL kaltgepresstes Sonnenblumenöl
4 frische Eier
½ TL Meersalz

AUSSERDEM:
1 Stängel Petersilie

1. Die Paprikaschoten halbieren, die Kerngehäuse entfernen, die Hälften waschen und das Fruchtfleisch in gleich große Streifen schneiden.
2. Die Zwiebel schälen und grob würfeln. Die Butter in einer Pfanne erwärmen und die Zwiebelwürfel darin glasig dünsten.
3. Die Paprikastücke hinzufügen und alles etwa 5 Minuten dünsten. Danach mit der vegetarischen Brühe würzen.
4. In der Zwischenzeit das Öl in einer weiteren Pfanne erhitzen, die Eier hineinschlagen, braten lassen und mit dem Salz leicht würzen. Das Paprikagemüse zusammen mit den Spiegeleiern servieren und mit gewaschenen, abgezupften Petersilienbüscheln garnieren.

Italienisches Pfannengemüse

EIWEISSGERICHT
ZUBEREITUNGSZEIT: CA. 30 MINUTEN
2 PORTIONEN
CA. 310 KCAL JE PORTION

- 6 reife Tomaten
- 2–3 Stangen Staudensellerie
- 1 mittelgroßer Zucchino
- 100 g Champignons
- 2 EL kaltgepresstes Olivenöl
- 1 Knoblauchzehe
- 1 EL vegetarische Gemüsebrühe (Instantpulver)
- 1 TL Oregano
- 1 TL Rosmarinpulver
- 1 TL Thymian
- 6 EL süße Sahne
- 6 Kirschtomaten

1. Die Tomaten waschen, vierteln, die Stielansätze entfernen und mit dem Schneidstab fein pürieren.
2. Den Staudensellerie putzen, waschen und die etwas festeren Fäden abziehen. Die Stangen in etwa 2 cm lange Stücke schneiden.
3. Den Zucchino und die Pilze waschen, putzen und in dünne Scheiben schneiden.
4. Das Öl in einer Pfanne erhitzen und die Selleriestücke, Zucchinischeiben und Pilze etwa 5 Minuten darin unter Rühren kräftig anbraten. Nach Belieben die Knoblauchzehe durch eine Presse dazudrücken.
5. Anschließend das Tomatenpüree hinzufügen und mit Brühe, Oregano, Rosmarin und Thymian würzen. Das Gemüse weitere 8 bis 10 Minuten dünsten lassen.
6. Zum Schluss alles mit der Sahne verfeinern und mit den halbierten Kirschtomaten garnieren.

Apfelrotkohl gratiniert

EIWEISSGERICHT
ZUBEREITUNGSZEIT: CA. 40 MINUTEN
2 PORTIONEN
CA. 630 KCAL JE PORTION

1 kleiner Kopf Rotkohl
1 EL Wacholderbeeren
1 EL Koriandersamen
1 Zwiebel
3 EL kaltgepresstes Sonnenblumenöl
200 ml vegetarische Gemüsebrühe (aus Instantpulver hergestellt)
1 Lorbeerblatt
2 Nelken
1 Zimtstange
2 säuerliche Äpfel
160 g Gouda

1. Den Rotkohl putzen, vierteln und den harten Strunk herausschneiden. Dann den Kohl in sehr feine Streifen schneiden.
2. Die Wacholderbeeren und den Koriandersamen in einem Mörser sorgfältig zerstoßen. Die Zwiebel schälen und fein hacken.
3. Das Öl in einem Topf erhitzen, die zerstoßenen Gewürze und Zwiebelwürfel hinzufügen und kurz unter Rühren braten. Dann den Rotkohl dazugeben und 5 Minuten unter Rühren mit schmoren lassen. Mit der Brühe löschen und das Lorbeerblatt, die Nelken und die Zimtstange hinzufügen. Zugedeckt etwa 10 Minuten bei geringer Hitze dünsten und anschließend in eine Auflaufform umfüllen. Den Backofen auf 175° C vorheizen.
4. Zwischenzeitlich die Äpfel waschen, vierteln, schälen und die Kerngehäuse herausschneiden. Die Äpfel in kleine Spalten schneiden und diese unter den Rotkohl mischen. Den Auflauf mit dem Käse belegen und das Ganze auf der mittleren Schiene etwa 15 bis 18 Minuten überbacken.

Asiatisches Tofugemüse

EIWEISSGERICHT
ZUBEREITUNGSZEIT: CA. 45 MINUTEN
2 PORTIONEN
CA. 390 KCAL JE PORTION

1 Zucchino (300 g)
100 g frische Shiitake-Pilze oder Austernpilze
1 rote Paprikaschote
1 gelbe Paprikaschote
100 g Mungobohnenkeimlinge
1 Zwiebel
1 Knoblauchzehe
1 EL fein gehackte frische Ingwerwurzel
2 EL kaltgepresstes Sonnenblumenöl
40 g Cashewkerne
150 g fester Tofu
1/8 l vegetarische Gemüsebrühe (aus Instantpulver hergestellt)
2 EL salzarme Sojasauce

AUSSERDEM:
einige Spritzer Worcestersauce
1 EL fein gehackter frischer Liebstöckel

1. Den Zucchino und die Pilze waschen, putzen und in dünne Scheiben bzw. Streifen schneiden.
2. Die Paprikaschoten halbieren, das Kerngehäuse entfernen, die Paprikaschoten waschen und klein würfeln.
3. Die Mungobohnenkeime gut verlesen und waschen.
4. Die Zwiebel schälen und in dünne Spalten schneiden. Nach Belieben den Knoblauch schälen und zerdrücken. Beide Zutaten zusammen mit dem Ingwer im heißen Öl glasig dünsten.
5. Dann das gesamte Gemüse und die Cashewkerne hinzufügen und alles gründlich durchrühren.
6. In der Zwischenzeit den Tofu in etwa 2 cm große Würfel schneiden und zum Gemüse geben. Die vegetarische Brühe angießen, mit der Sojasauce würzen und alles zugedeckt etwa 15 Minuten garen.
   Nach Belieben mit einigen Spritzern Worcestersauce würzen und mit dem Liebstöckel bestreut servieren.

Überbackener Gemüse-Frucht-Salat

EIWEISSGERICHT
ZUBEREITUNGSZEIT: CA. 45 MINUTEN
2 PORTIONEN
CA. 810 KCAL JE PORTION

FÜR DEN SALAT:
300 g Brokkoli
1 reife Avocado
½ frische Ananas
1 rote Paprikaschote
1 kleiner Eisbergsalat

FÜR DIE SAUCE:
2 EL kaltgepresstes Sonnenblumenöl
2 EL Balsamessig
100 ml Wasser
1 TL Kräutersalz
½ TL Kardamom
1 EL fein gehackte frische Ingwerwurzel

AUSSERDEM:
200 g Raclettekäse

1. Den Brokkoli waschen, putzen und die Röschen abschneiden. Die Stiele schälen und in Scheiben schneiden. Den Brokkoli in etwa 5 Minuten in wenig kochendem Wasser bissfest garen und anschließend abtropfen lassen.
2. Die Avocado schälen, entkernen und das Fruchtfleisch in schmale Spalten schneiden.
3. Die halbe Ananas schälen, braune Schalenteile entfernen und das Fruchtfleisch in kleine Stücke schneiden.
4. Die Paprikaschote waschen, vierteln, entkernen und quer in sehr feine Streifen schneiden. Den Backofen auf 175° C vorheizen.
5. Den Salat waschen, in mundgerechte Stücke zupfen und eine Auflaufform damit auslegen. Mit den Brokkoliröschen, Avocadospalten, Ananaswürfeln und Paprikastreifen belegen.
6. Für die Sauce das Öl mit dem Balsamessig und dem Wasser verrühren. Mit dem Kräutersalz, dem Kardamom und dem gehackten Ingwer würzen und alles über den Gemüse-Frucht-Salat gießen.
7. Alles mit dem Raclettekäse belegen. Das Ganze etwa 8 bis 10 Minuten auf der mittleren Schiene backen, wobei der Käse gut verlaufen, der Gemüse-Frucht-Salat jedoch nur gut heiß sein sollte.

Fruchtiger Käsesalat

EIWEISSGERICHT
ZUBEREITUNGSZEIT: CA. 30 MINUTEN
ZEIT ZUM DURCHZIEHEN: CA. 15 MINUTEN
2 PORTIONEN
CA. 635 KCAL JE PORTION

FÜR DEN SALAT:
2 kleine, reife Netzmelonen
1 kleiner Kopf Friséesalat
½ Salatgurke
250 g frische Erdbeeren
160 g halbfester Schnittkäse (z.B. Deutscher Butterkäse, Passendale aus Belgien oder Fol-Epi-Käse aus Frankreich)

FÜR DIE SAUCE:
Saft von 1 Orange
1 Msp. Cayennepfeffer
1 EL Frutilose (Obstdicksaft aus dem Reformhaus)
1 TL Kräutersalz
3 EL ungeschwefelte Rosinen
4 EL Wodka oder Orangensaft

1. Von den Melonen je einen Deckel abschneiden und das Fruchtfleisch mit Kugelausstecher herauslösen.
2. Den Salat putzen, waschen, sehr gut abtropfen lassen und in kleine Stücke zerpflücken. Die Gurke schälen, der Länge nach vierteln und quer in dünne Scheiben schneiden.
3. Die Erdbeeren putzen, waschen und trockentupfen. Große Beeren halbieren oder vierteln. Den Käse entrinden, in kleine Würfel schneiden und zusammen mit den vorbereiteten Salatzutaten mischen.
4. Alle Saucenzutaten gut miteinander verrühren. Den Salat damit anmachen, etwa 15 Minuten ziehen lassen. Den Salat nach Belieben in den Melonen anrichten.

Tomaten-Mais-Soufflé

EIWEISSGERICHT
ZUBEREITUNGSZEIT: CA. 45 MINUTEN
2 PORTIONEN
CA. 210 KCAL JE PORTION

6 Tomaten
1 Zwiebel
4 frische Eier
1 Knoblauchzehe
300 g TK-Gemüsemais
1 TL Kräutersalz
½ TL Cayennepfeffer
1 TL Kurkumapulver (Gelbwurz)
1 TL gemahlener Koriander
1 TL gehackter Rosmarin
4 TL Butter

1. Den Backofen auf 200° C vorheizen. Die Tomaten über Kreuz einritzen, kurz überbrühen, abschrecken und enthäuten. Sie dann halbieren, entkernen und die Stielansätze herausschneiden. Das Fruchtfleisch in Würfel schneiden. Die Zwiebel schälen und fein hacken. Die Eier trennen. Den Knoblauch schälen und durch die Presse drücken.
2. Die Tomatenwürfel mit den Zwiebelwürfeln, Mais, Eigelb, Knoblauch und den Gewürzen verrühren. Das Eiweiß zu Schnee schlagen und unterheben.
3. Die Mischung in eine Auflaufform (20 cm Ø) geben und die Butter in Flöckchen darauf verteilen. Im Backofen auf der mittleren Schiene etwa 30 Minuten backen.

Überbackener Blumenkohl

EIWEISSGERICHT
ZUBEREITUNGSZEIT: CA. 30 MINUTEN
GARZEIT IM OFEN: CA. 10 MINUTEN
2 PORTIONEN
CA. 305 KCAL JE PORTION

2 TL vegetarische Gemüsebrühe (Instantpulver)
700 g Blumenkohlröschen
120 g geriebener Gouda (45 % Fett i. Tr.)

1. ¼ l Wasser erhitzen, mit der Instantbrühe abschmecken und die Blumenkohlröschen hinzugeben. Sie bei geringer Hitzezufuhr in 12 bis 15 Minuten bissfest garen.
2. Den Backofen auf 200° C vorheizen. Das Gemüse mit einem Schaumlöffel herausnehmen, in eine Auflaufform geben und etwas Kochbrühe angießen.
3. Den Käse über den Blumenkohl verteilen, die Form in den Ofen stellen und etwa 10 Minuten überbacken, bis der Käse geschmolzen ist.

Rühreier mit warmem Gemüsesalat

EIWEISSGERICHT
ZUBEREITUNGSZEIT: CA. 45 MINUTEN
2 PORTIONEN
CA. 425 KCAL JE PORTION

FÜR DEN SALAT:
1 gelbe Paprikaschote
1 rote Paprikaschote
2 Möhren
150 g Knollensellerie
1 große Stange Lauch (200 g küchenfertig)
¼ l vegetarische Gemüsebrühe (aus Instantpulver zubereitet)
1 Lorbeerblatt
1 Knoblauchzehe
1 TL Thymian

FÜR DIE SAUCE:
50 g süße Sahne
1 EL vergorenes Molkekonzentrat (Molkosan)
3 EL gemischte, gehackte Kräuter (Petersilie, Kerbel, Estragon)
1 TL Kräutersalz
1 Msp. Safran

FÜR DIE RÜHREIER:
3 Eier
4 EL Mineralwasser
2 EL süße Sahne
1 EL Butter

AUSSERDEM:
2–3 EL Schnittlauchröllchen

1. Die Kerngehäuse der Paprikaschoten entfernen und die Schoten in breite Streifen schneiden.
2. Die Möhren und den Sellerie schälen, den Lauch putzen und alles klein schneiden.
3. Die Gemüsebrühe erhitzen und das Lorbeerblatt, die ganze Knoblauchzehe und den Thymian hineingeben.
4. Das Gemüse in der Brühe in 8 bis 10 Minuten bissfest garen.
5. Das Gemüse mit der Schaumkelle herausheben, das Lorbeerblatt und die Knoblauchzehe entfernen und das Gemüse auf einer Platte warm halten. 100 ml Brühe abkühlen lassen.
6. Für die Sauce die Sahne mit dem Molkekonzentrat und der abgekühlten Brühe verrühren. Die Kräuter hinzufügen, die Sauce mit Kräutersalz und dem Safran abschmecken und über das Gemüse gießen.
7. Nun die Eier aufschlagen und zusammen mit dem Mineralwasser, der Sahne und Kräutersalz gut verquirlen.
8. Die Butter in einer Pfanne schmelzen lassen, die Eimasse hineingießen und bei geringer Hitzezufuhr stocken lassen. Erst nach etwa 3 Minuten umrühren, das Rührei sollte noch etwas feucht sein.
9. Das Rührei zusammen mit dem Gemüsesalat anrichten und alles mit Schnittlauch bestreuen.

Zucchiniauflauf

EIWEISSGERICHT
ZUBEREITUNGSZEIT: CA. 25 MINUTEN
GARZEIT IM OFEN: CA. 20 MINUTEN
2 PORTIONEN
CA. 420 KCAL JE PORTION

1 Zwiebel
1 EL kaltgepresstes Olivenöl
2–3 Zucchini (ca. 500 g küchenfertig)
8 reife Tomaten (ca. 500 g)
1–2 TL Chilipulver
1 TL Kräuter der Provence
2 TL vegetarische Gemüsebrühe (Instantpulver)
nach Belieben 1 Knoblauchzehe
150 g geriebener Gouda (45 % Fett i. Tr.)

1. Die Zwiebel schälen, fein würfeln und im Öl glasig dünsten.
2. Die Stielansätze der Zucchini entfernen, die Zucchini in dünne Scheiben schneiden und zu den Zwiebeln geben. Alles leicht anbraten und dann vom Herd nehmen.
3. Die Stielansätze der Tomaten entfernen und die Tomaten mit dem Schneidstab pürieren. Das Püree nach Belieben durch ein Sieb streichen.
4. Das Tomatenpüree mit Chili, Kräutern der Provence und Instantbrühe abschmecken. Nach Belieben die Knoblauchzehe durch eine Presse dazudrücken. Den Backofen auf 180° C vorheizen.
5. Nun die Zucchini-Zwiebel-Mischung abwechselnd mit der Tomatensauce in eine Auflaufform geben und alles mit dem Käse bestreuen.
6. Den Auflauf in den Ofen stellen und in etwa 20 Minuten backen. Es soll sich eine goldgelbe Kruste bilden.

Apfel-Zwiebel-Gratin

EIWEISSGERICHT
ZUBEREITUNGSZEIT: CA. 1¼ STUNDE
2 PORTIONEN
CA. 390 KCAL JE PORTION

3–4 säuerliche Äpfel
3 EL Zitronensaft
400 g rote Zwiebeln
2 EL ungeschwefelte Rosinen
100 g süße Sahne
2 Msp. Cayennepfeffer
½ TL Meersalz
120 g Mozzarella

1. Die Äpfel vierteln, schälen, entkernen, in feine Spalten schneiden und mit dem Zitronensaft beträufeln.
2. Die roten Zwiebeln in dünne Ringe schneiden.
3. Die Äpfel zusammen mit den Zwiebeln und den Rosinen in eine Auflaufform schichten. Den Backofen auf 200° C vorheizen.
4. Die Sahne mit dem Cayennepfeffer und dem Salz würzen und über das Apfel-Zwiebel-Gemisch gießen.
5. Den Mozzarella klein schneiden, darüber streuen und das Gratin etwa 45 Minuten lang überbacken.

Überbackenes Gemüse

EIWEISSGERICHT
ZUBEREITUNGSZEIT: CA. 15 MINUTEN
GARZEIT IM OFEN: 15–20 MINUTEN
2 PORTIONEN
CA. 445 KCAL JE PORTION

700 g gemischtes TK-Gemüse (Blumenkohl, Brokkoli, grüne Bohnen, Rosenkohl oder anderes)

FÜR DIE SAUCE:
100 g saure Sahne
100 g süße Sahne
2 TL vegetarische Gemüsebrühe (Instantpulver)
1 Msp. Cayennepfeffer

AUSSERDEM:
80 g geriebener Parmesan

1. Den Backofen auf 180° C vorheizen. Das tiefgekühlte Gemüse in eine Auflaufform geben.
2. Nun aus der sauren und der süßen Sahne, ⅛ l Wasser, der Instantbrühe und dem Cayennepfeffer eine Sauce rühren. Sie mit dem Schneebesen kräftig verschlagen und die Sauce über das Gemüse geben.
3. Den geriebenen Parmesan darüber streuen, die Form in den Ofen stellen und das Gemüse 15 bis 20 Minuten überbacken.

Tomatensalat mit Rühreiern

EIWEISSGERICHT
ZUBEREITUNGSZEIT: CA. 25 MINUTEN
2 PORTIONEN
CA. 430 KCAL JE PORTION

FÜR DEN SALAT:
1 EL kaltgepresstes Sonnenblumenöl
1 EL vergorenes Molkekonzentrat (Molkosan)
200 ml Wasser
1 TL Kräutersalz
1 Zwiebel
600 g Tomaten
3 EL gehackte Petersilie

FÜR DIE RÜHREIER:
3 Eier
4 EL Mineralwasser
2 EL süße Sahne
½ TL Meersalz
1 EL Butter
3 EL Schnittlauchröllchen

1. Das Sonnenblumenöl mit dem Molkekonzentrat, 200 ml Wasser und Kräutersalz verrühren.
2. Die Zwiebel sehr fein würfeln und die Hälfte zu der Salatsauce geben. Den Rest für das Rührei beiseite stellen.
3. Die Stängelansätze der Tomaten entfernen und die Früchte in schöne Scheiben schneiden. Sie auf eine Platte legen, mit der Sauce begießen und mit Petersilie bestreuen.
4. Nun die Eier zusammen mit dem Mineralwasser, der Sahne und dem Meersalz aufschlagen.
5. Die restlichen Zwiebelwürfel in der Butter glasig dünsten. Die Eimasse dazugeben und stocken lassen.
6. Die Eimasse erst nach etwa 3 Minuten vorsichtig umrühren, sie sollte noch etwas feucht sein.
7. Die Rühreier mit Schnittlauch bestreuen. Zum Salat servieren.

VARIATION:
Wer es mag, kann in Streifen geschnittenen Paprika in die Eimasse geben.

Saucen zum Verfeinern

Sahnige Knoblauchsauce

NEUTRALES GERICHT
ZUBEREITUNGSZEIT: CA. 10 MINUTEN
4 PORTIONEN
CA. 240 KCAL JE PORTION

350 g Sahnedickmilch
150 g saure Sahne
100 g süße Sahne
5 durchgepresste Knoblauchzehen
1 TL Kräutersalz
einige Majoranblättchen

1. Die Dickmilch zusammen mit beiden Sahnesorten mit einem Schneebesen cremig aufschlagen.
2. Das Ganze mit Knoblauch und Salz kräftig abschmecken und mit dem Majoran garnieren.

TIPP:
Die Sauce passt zu Grillgut oder Pellkartoffeln. Sie ist zudem ein prima Dip für Gemüse.

Tomaten-Kräuter-Sauce

EIWEISSGERICHT
ZUBEREITUNGSZEIT: CA. 20 MINUTEN
4 PORTIONEN
CA. 25 KCAL JE PORTION

500 g reife Tomaten
je 2 TL fein gehackter Thymian und Oregano
1 TL fein gehackter Majoran
1 TL Cayennepfeffer
1–2 durchgepresste Knoblauchzehen
1 TL Kräutersalz

1. Die Tomaten waschen, halbieren, von den Stielansätzen befreien und in wenig Wasser 5 bis 8 Minuten kochen lassen. Alles durch ein Sieb streichen.
2. Das Tomatenmus kräftig mit den Kräutern sowie Gewürzen, Knoblauch und Salz abschmecken.

TIPP:
Die Sauce passt gut zu Grillgut aus der neutralen oder Eiweißgruppe.

Feurige Tomatensauce

EIWEISSGERICHT
ZUBEREITUNGSZEIT: CA. 15 MINUTEN
4 PORTIONEN
CA. 30 KCAL JE PORTION

400 g reife Tomaten
½ TL Cayennepfeffer
1 frische, rote Chilischote
1 TL Kräutersalz
1 TL Frutilose (Obstdicksaft aus dem Reformhaus)
5 fein gehackte Basilikumblättchen

1. Die Tomaten waschen, trockenreiben und die Stielansätze herausschneiden. Die Früchte grob zerschneiden und zusammen mit etwas Wasser etwa 5 Minuten kochen.
2. Die Masse anschließend durch ein Sieb streichen und mit dem Cayennepfeffer scharf abschmecken.
3. Die Chilischote waschen, trockenreiben, aufschlitzen, entkernen, sehr fein würfeln und unter die Tomatensauce mischen. Die Sauce mit Salz und Frutilose abschmecken und mit Basilikum bestreuen.

TIPP:
Die Sauce passt gut zu Grillgut aus der neutralen oder Eiweißgruppe.

Würzige Salatsauce

NEUTRALES GERICHT
ZUBEREITUNGSZEIT: CA. 10 MINUTEN
2 PORTIONEN
CA. 180 KCAL JE PORTION

175 g Sahnedickmilch
1½ EL vergorenes Molkekonzentrat (Molkosan)
1–2 TL Kräutersalz
1–2 TL Frutilose
100 ml Wasser
1 EL kaltgepresstes Sonnenblumenöl
1 Knoblauchzehe
3 EL gehackte Kräuter (Petersilie, Dill, Schnittlauch)

1. Die Sahnedickmilch mit Molkekonzentrat, Kräutersalz und Frutilose mit einem Schneebesen glatt rühren.
2. Die Sauce mit 100 ml Wasser verdünnen und das Öl darunter schlagen.
3. Die Knoblauchzehe durch eine Presse dazudrücken und die gehackten Kräuter darunter mischen.

Kalte Tomatensauce

Neutrales Gericht
Zubereitungszeit: ca. 10 Minuten
2 Portionen
ca. 140 kcal je Portion

400 g Tomaten
150 g Sahnedickmilch
1 TL Kräutersalz
1 Msp. Cayennepfeffer
1 TL Frutilose
3 EL gehackte Basilikumblättchen

1. Die Tomaten waschen und die Stielansätze herausschneiden. Die Tomaten eventuell enthäuten, achteln, dann mit dem Schneidstab pürieren.
2. Die Sahnedickmilch mit einem Schneebesen glatt rühren und mit dem Tomatenmus mischen.
3. Die Sauce mit Kräutersalz, Cayennepfeffer und Frutilose abschmecken. Mit dem Basilikum bestreuen.

Tipp:
Diese Sauce passt gut zu Gemüserohkost.

Eier-Kräuter-Sauce

Eiweissgericht
Zubereitungszeit: ca. 15 Minuten
2 Portionen
ca. 300 kcal je Portion

2 Eier
125 g gemischte Kräuter (Sauerampfer, Petersilie, Kerbel, Kresse, Schnittlauch, Borretsch)
150 g Sahnedickmilch
150 g Naturjogurt (3,5 % Fett)
1 TL Kräutersalz

1. Die Eier hart kochen, abschrecken, pellen und in dünne Scheiben schneiden oder grob würfeln.
2. Die Kräuter waschen und trockenschütteln. Die Sahnedickmilch mit dem Jogurt verrühren und zusammen mit den Kräutern im Mixer pürieren.
3. Die Sauce mit Kräutersalz abschmecken und die Eier hineingeben.

Tipp:
Die Eier-Kräuter-Sauce eignet sich sehr gut als Dressing für Blatt-, Rohkost- und Gemüsesalate.

Vinaigrette

Neutrales Gericht
Zubereitungszeit: ca. 15 Minuten
2 Portionen
ca. 110 kcal je Portion

2 EL kaltgepresstes Sonnenblumenöl
1 TL Kräutersalz
2 TL vergorenes Molkekonzentrat (Molkosan)
10 EL Wasser
1 große Zwiebel
4 EL gemischte, gehackte Kräuter (Petersilie, Schnittlauch, Dill, Minze, Sauerampfer, Estragon, Thymian, Majoran, Borretsch, Zitronenmelisse)
1 Knoblauchzehe

1. Öl, Kräutersalz und Molkekonzentrat zu einer Marinade verrühren. Die Mischung mit etwa 10 EL Wasser leicht verdünnen.
2. Die Zwiebel und die Knoblauchzehe schälen, in sehr feine Würfel schneiden und zusammen mit den Kräutern in die Marinade rühren.

Tipp:
Die Vinaigrette passt zu allen Blattsalaten sowie zu Salaten aus gedünstetem Gemüse.

Kräutersauce

Neutrales Gericht
Zubereitungszeit: ca. 5 Minuten
2 Portionen
ca. 140 kcal je Portion

200 g Buttermilch
150 g saure Sahne
100 gemischte, gehackte Kräuter (Petersilie, Sauerampfer, Kerbel, Borretsch, Kresse, Schnittlauch)
1 TL Kräutersalz
2 TL vergorenes Molkekonzentrat (Molkosan)

1. Die Buttermilch mit der sauren Sahne verschlagen und die Kräuter hineinrühren.
2. Die Sauce mit Kräutersalz und dem Molkekonzentrat abschmecken.

Tipp:
Die Kräutersauce passt gut zu frischen Pellkartoffeln.
Sie eignet sich aber auch als Dressing für Blattsalate, andere Rohkostsalate und für Gemüse.

Rezeptverzeichnis

K = Kohlenhydratgericht
E = Eiweißgericht
N = Neutrales Gericht

Trennkost
Von U. Summ, 160 S.,
40 Farbzeichnungen, kartoniert
ISBN: 3-635-**60023**-7
Preis: DM 12,90

Sie möchten sich rundum wohlfühlen und vielleicht auch ein paar Pfunde verlieren? Dann ist Trennkost genau das richtige! Das Buch zeigt Ihnen mit über 120 Rezepten für den ganzen Tag, einem Trennungs- und Mengenplan sowie einem Umschalttag zur Umstellung, wie es funktioniert.

Preiswert kochen
Von E. Fuhrmann – 136 S.,
40 Farbzeichnungen, kartoniert
ISBN: 3-635-**60025**-3
Preis: DM 12,90

Auch mit preiswerten Lebensmitteln lassen sich attraktive Gerichte zubereiten. Das beweist dieser praktische Ratgeber mit über 120 fantasievollen Rezepten für jeden Geschmack.

Vegetarisch kochen
Von Prof. Dr. C. Leitzmann, K. Dittrich, C. und G. Kurz – 128 S.,
30 Farbzeichnungen, kartoniert
ISBN: 3-635-**60026**-1
Preis: DM 12,90

Ernährung soll heute schmackhaft und unkompliziert sein, aber leistungsfähig und fit halten. Die vegetarische Ernährung erfüllt all diese Ansprüche. Mit über 85 Rezepten macht dieses Buch allen Lust aufs „Kochen mit dem grünen Löffel".

Mikrowellen-Kochbuch
Von B. Pfeiffer – 128 S.,
40 zweifarbige Vignetten, kartoniert
ISBN: 3-635-**60008**-3
Preis: DM 12,90

Möchten Sie nicht auch einmal mehr mit Ihrer Mikrowelle machen, als nur Essen aufzuwärmen? In diesem praktischen Ratgeber finden Sie über 130 köstliche Gerichte für jeden Anlass. Die Rezepte sind für Solo-, Grill- und Kombinationsgeräte geeignet.

Backen ohne Zucker
Von H. Erkelenz, 88 S.,
33 Farbzeichnungen, kartoniert
ISBN: 3-635-**60098**-9
Preis: DM 12,90

Auch wenn Sie auf Haushaltszucker verzichten müssen, kann Ihr Speiseplan süße Gaumenfreuden enthalten. In diesem Buch finden Sie rund 80 Rezepte zum Backen ohne Zucker, dazu viele Tipps zum Umgang mit Fruchtzucker.

Waffeln
Von S. Koch – 146 S.,
30 Farbzeichnungen, kartoniert
ISBN: 3-635-**60034**-2
Preis: DM 14,90

Frischgebackene Köstlichkeiten laden zum Genießen ein: schnell zubereitet, lassen sie sich vielfältig variieren und mit den verschiedensten Beilagen kombinieren. Bei den über 220 Rezepten für Waffeln, Pfannkuchen, Crêpes und Hörnchen ist garantiert für jeden Geschmack etwas dabei.

Eine Auswahl aus dem Verlagsprogramm

RAT UND WISSEN

Bewerbung

Bewerbungsstrategien
1027-3, von Dr. W. Reichel,
128 S., kart.
DM 14,90

Initiativbewerbungen
2107-0, von Dr. W. Reichel,
128 S., kart.
DM 16,90

Legale Bewerbungstricks
60325-2, von V. S. Rottmann,
96 S., kart.
DM 12,90

Lebenslauf und Bewerbung
60007-5, von H. Friedrich,
112 S., kart.
DM 12,90

Bewerbung um einen Ausbildungsplatz
1936-X, von P.-J. Schneider,
M. Zindel, 112 S., kart.
DM 16,90

Bewerbungserfolg trotz schwacher Zeugnisse
60157-8, von A. Schieberle,
136 S., kart.
DM 14,90

Testtrainer Einstellungstests
4999-4, von Dr. W. Reichel,
136 S., geb.
DM 15,–
(limitierter Sonderpreis)

Vorstellungsgespräche
60012-1, von H. Friedrich,
144 S., kart.
DM 11,90

Arbeitszeugnisse
1444-9, von A. Nasemann,
136 S., kart.
DM 16,90

Rechtsratgeber für Arbeitnehmer
60258-2, von U. Teschke-Bährle, 160 S., kart.
DM 16,90

Beruf/Karriere

Selbstständigkeit und freie Mitarbeit
1891-6, von T. Hammer,
Dr. W. Kiefl, 144 S., kart.
DM 19,90

Erfolgreiche Existenzgründung
60285-X, von N. Rentrop,
192 S., kart.
DM 19,90

FALKEN Reihe: FALKEN & PITMAN MANAGEMENT
Ausstattung: zwischen 184 S. und 248 S., Broschur
Preis: **DM 39,90**
4972-2 Die ersten 100 Tage als Chef
4973-0 Erfolgreiches Zeitmanagement
4976-5 Richtig delegieren
4971-4 Erfolgreiche Verhandlungstaktiken
4975-7 Die perfekte Präsentation

4974-9 Meetings erfolgreich steuern
7331-3 Marketing – eine Einführung
7329-1 Erfolgreich im Management
7330-5 Basiswissen für Führungskräfte
7328-3 Mitarbeitermotivation durch Empowerment
7362-3 Das souveräne Verhandlungsgespräch
7361-5 Erfolgsgeheimnis Teambildung

Lernhilfen/Schule

Erfolgreich im Beruf mit NLP
60288-4, von K. Grochowiak,
S. Haag, 104 S., kart.
DM 12,90

Handbuch Mathematik
4964-1, von W. Scholl,
R. Drews, 848 S., geb.
DM 69,90

Englische Grammatik
7341-0, von E. Henrichs-Kleinen, 288 S., geb.
DM 39,90

Gedächtnistraining mit Eselsbrücken
60060-1, von W. Ettig,
96 S., kart.
DM 12,90

Buchführung leicht gefaßt
60091-1, von H. R. Pohl,
104 S., kart.
DM 12,90

Schreiben lernen mit Schreibmaschine und PC
60055-5, von O. Fonfara,
112 S., kart.
DM 9,90

Kostenrechnung leicht gemacht
4826-2, von D. Machenheimer, 240 S., geb.
DM 39,90

FALKEN Reihe: Schülerhilfe
Ausstattung: zwischen 64 S. und 172 S., kartoniert
Preis: zwischen **DM 14,90** und **DM 29,90**
1834-7 Die neue deutsche Rechtschreibung
1890-9 Deutsche Grammatik
1783-9 Aufsatz
1623-9 Bruchrechnen
1569-0 Geometrie

1709-X Prozent- und Zinsrechnung
1570-4 Gleichungen und Ungleichungen

tand der Preise 01.03.1998 · Änderungen vorbehalten / *unverbindliche Preisempfehlung

1888-6 Wurzeln und Potenzen
1624-7 English Pronouns
1574-7 English Tenses
1784-7 If-Clauses & Co.

Recht/Wirtschaft/ Steuern

Was kostet mein Recht?
60234-5, von J. Mosler, 104 S., kart.
DM 12,90

Recht für Mieter
1932-7, von M. Gaida, 304 S., kart.
DM 29,90

Der FALKEN Bauherren-Ratgeber
4888-2, von W. Jung, B. W. Klöckner, 352 S., kart.
DM 39,90

Ihr Recht als Vermieter
60243-4, von R. Richter, P. J. Schneider, A. Pollert, 208 S., kart.
DM 16,90

Eheverträge
60037-7, von T. Münster, 226 S., kart.
DM 19,90

Erziehungsgeld, Mutterschutz, Erziehungsurlaub
60014-8, von J. Grönert, 192 S., kart.
DM 19,90

Scheidung und Unterhalt
60015-6, von T. Drewes, 220 S., kart.
DM 19,90

Gesetzliche und private Altersvorsorge
1847-9, von D. Rehahn, H. A. Reichel, W. Schöttler, 192 S., kart.
DM 24,90

Wie hoch wird meine Rente?
60209-9, von K. Möcks, A. Schmitt, 160 S., kart.
DM 16,90

Erbschaftsteuer aktuell
60324-4, von W. Ludwig, 128 S., kart.
DM 14,90

Testament und Erbschaft
2111-9, von T. Drewes, R. Hollender, 296 S., englische Broschur
DM 29,90

Vermögensbildung mit Immobilien
1712-X, von W. Schwanfelder, 144 S., kart.
DM 24,90

Erfolg mit Aktien
1663-8, von A.-S. Rühle, 128 S., kart.
DM 16,90

Keine Angst vor dem Finanzamt
60064-4, von H. Vogt, 132 S., kart.
DM 16,90

Korrespondenz und Rhetorik

Der neue Briefsteller
60002-6, von I. Wolter-Rosendorf, 130 S., kart.
DM 12,90

Briefe und Reden für den Trauerfall
1789-8, von U. Wetter, 112 S., kart.
DM 16,90

Modernes Redetraining
1575-5, von Prof. Dr. R. Brehler, 120 S., kart.
DM 19,90

Körpersprache
60096-2, von H. Rückle, 96 S., kart.
DM 12,90

Reden für Familienfeiern
60281-7, von G. Kurz, 112 S., kart.
DM 12,90

Lebensstil und Umgangsformen

Kreative Wohnideen
4889-0, von T. Eichhorn, 128 S., geb.
DM 39,90

Farbberatung für die Wohnung
4743-6, von G. Watermann, 128 S., geb.
DM 49,90

300 neue Frisuren
7359-3, von S. Ehlers, 128 S., geb.
DM 29,90

Krawatten
7319-4, von F. Chaille, 180 S., geb., mit Schutzumschlag
DM 89,90

Tücher und Schals perfekt binden
1898-3, von E. Weber-Lorkowski, 48 S., kart.
DM 14,90

Umgangsformen heute
4876-9, von H.-G. Schnitzer, 256 S., geb.
DM 29,90

Der gute Ton im Privatleben
60097-0, von R. Bartels, 104 S., kart.
DM 12,90

Feste feiern

Das große FALKEN-Buch zur Märchenhochzeit
7360-7, von A. Körner, C. Ziegler, ca. 224 S., geb.
ersch. Juni 1998
ca. DM 49,90

Hochzeitsfeste mitgestalten
1790-1, von A. Wilke, B. Haf 104 S., kart.
DM 19,90

Tischdekorationen für die Hochzeit
1825-8, von H. Grob, A. Henseler u.a., 64 S., kart.
DM 19,90

Blumenschmuck für das Brautpaar
4881-5, von H. Grob, A. Henseler u.a., 80 S., geb.
DM 29,90

Neue Hochzeitsreden
60158-6, von S. Harland 112 S., kart.
DM 12,90

Feste feiern
4825-4, von C. Kast, 128 S., geb.
DM 39,90

Die neue Glückwunschfibel
60031-8, von R. Christian-Hildebrandt, 106 S., kart.
DM 9,90

Astrologie/Esoterik

Kinderhoroskop
60242-6, von W. Noé, 152 S., kart.
DM 14,90

Liebes-Horoskop
60297-3, von W. Noé, 128 S., kart.
DM 12,90

Chinesisches Horoskop
60006-7, von G. Haddenbach, 86 S., kart.
DM 9,90

Das Indianische Horoskop
60294-9, von W. Noé, 128 S., kart.
DM 14,90

Wahrsagetechniken
60373-2, von G. Haddenbach, 144 S., kart.
DM 14,90

I Ging
60253-1, von R. Sorrell, A. M. Sorrell, 224 S., kart.
DM 19,90

Reiki
60247-7, von B. Glaser, U. Vogl, 128 S., kart.
DM 14,90

Traumdeutung
60045-8, von G. Haddenbach, 172 S., kart.
DM 12,90

UFOs über Deutschland
60319-8, von M. Hesemann 208 S., kart.
DM 19,90

Geheimlehren
60236-1, von N. Drury, G. Tillet, 144 S., kart.
DM 16,90

Schutzengel
60333-3, von T. Keller, D. Taylor, 144 S., kart.
DM 16,90

Auto/Führerschein

Der neue Verwarn- und Bußgeldkatalog
60292-2, von F. Littek, 126 S., kart.
DM 12,90

Der Test-Knacker bei Führerscheinverlust
2113-5, von T. Rieh, 128 S., kart.
DM 19,90

Prüfungsfragen und Prüfungsbogen für den Führerschein Kl. 3
1490-2, 104 S., kart.
DM 19,90

Trennkost

Trennkost für 1 Person
4851-3, von U. Summ, 112 S., geb.
DM 29,90

Trennkost leichtgemacht für Berufstätige
4890-4, von U. Summ, 128 S., geb.
DM 29,90

Das große Buch der Trennkost
4498-4, von U. Summ, 128 S., geb
DM 29,90

Das Beste aus Ursula Summs Trennkost-Küche
4985-4, von U. Summ, 160 S., geb.
DM 29,90

Trennkost aus ärztlicher Sicht
60259-0, von Dr. med. T.-M. Heintze, 84 S., kart.
DM 12,90

Erfolgreich schlank durch die Trennkost-6-Wochen-Kur
1968-8, von U. Summ, 104 S., kart.
DM 19,90

Die aktuelle Trennkost-Tabelle
1871-1, von U. Summ, 80 S., Flexcover
DM 14,90

Länderküche

Provence
7365-8, von U. Skadow, S. Dickhaut, 224 S., geb., mit Schutzumschlag
DM 49,90

Italienische Küche
4830-0, von M. Kaltenbach, R. Simeone, 224 S., geb., mit Schutzumschlag
DM 49,90

Chinesische Küche
7304-6, von H. Fu-Lung, 224 S., geb., mit Schutzumschlag
DM 49,90

Thailand
4945-5, von B. Aepli, 128 S., geb., mit Schutzumschlag
DM 34,90

Indien
7370-4, von S. Dhawan, 128 S., geb., mit Schutzumschlag
DM 39,90

Englische Landhausküche
4981-1, von D. Watkins, J. J. Watkins, 128 S., geb., mit Schutzumschlag
DM 39,90

Amerikanische Küche
7308-9, von C. Stevenson Jr., P. Niebergall, 128 S., geb., mit Schutzumschlag
DM 39,90

Kochen

Unsere Kochschule
4959-5, von M. Kaltenbach, F. W. Ehlert, 306 S., geb.
DM 25,–
(limitierter Sonderpreis)

FALKEN Reihe: Rezepte! Rezepte!! Rezepte!!!
Ausstattung: 96 S., kart.
Preis: **DM 16,90**
1937-8 Krabben, Garnelen & Co.
1994-7 Chili, Peperoni & Co.
1944-0 Pastinaken, Kürbis & Co.

1941-6 Pizza, Quiche und Tarte
1939-4 Feta, Mozzarella & Co.
1940-8 American Cookies

FALKEN Reihe: ErlebnisKüche
Ausstattung: 128 S., geb., mit Schutzumschlag
Preis: **DM 34,90**
4944-7 Nudeln
4946-3 Raclette und heißer Stein
7315-1 Fondues
4984-6 Aufläufe und Gratins
4982-X Salate

Stand der Preise 01.03.1998 · Änderungen vorbehalten / *unverbindliche Preisempfehlung

Johann Lafer kocht – Neue Rezepte
7306-2, von Johann Lafer, 160 S., geb.
DM 39,90

Iß und trink und liebe
7303-8, von K. Ottenbach, 72 S., geb., mit Schutzumschlag
DM 49,90

Preiswert kochen
60025-3, von E. Fuhrmann, 136 S., kart.
DM 12,90

Vegetarische Gerichte aus aller Welt
4977-3, von A. Ilies, 224 S., geb., mit Schutzumschlag
DM 49,90

Rezepte mit Joghurt, Kefir & Co.
60068-7, von G. Volz, 104 S., kart.
DM 12,90

Vollwertküche für Genießer
4815-7, von Prof. Dr. C. Leitzmann, H. Million, 256 S., geb.
DM 39,90

Das essen Kinder gern
4978-1, von A. Brenner, 128 S., geb.
DM 29,90

Gerichte für Diabetiker
60033-4, von M. Oehlrich, 108 S., kart.
DM 12,90

Cholesterinarm kochen und genießen
4442-9, von R. Unsorg, 168 S., geb.
DM 49,90

Fettarm kochen – Abnehmen mit Genuß
4866-1, von G. Hölz, H. Million, 128 S., geb.
DM 39,90

Getränke

FALKEN Mixbuch
4733-9, Hrsg.: P. Bohrmann, 560 S., geb.
DM 39,90

Weinlexikon
4942-0, von Dr. H. Ambrosi, 384 S., geb.
DM 39,90

Meine Lieblingsweine
7364-X, von M. Broadbent, 224 S., geb., mit Schutzumschlag
DM 89,-

Wein richtig genießen lernen
4809-2, von H. Ambrosi, I. Swoboda, 128 S., geb.
DM 29,90

Mein Hobby Wein
7309-7, von R. Kriesi, 128 S., geb.
DM 34,90

Was Weinfreunde wissen wollen
7342-9, von Prof. Dr. K. Röder u.a., 192 S., geb.
DM 29,90

ElternRatgeber

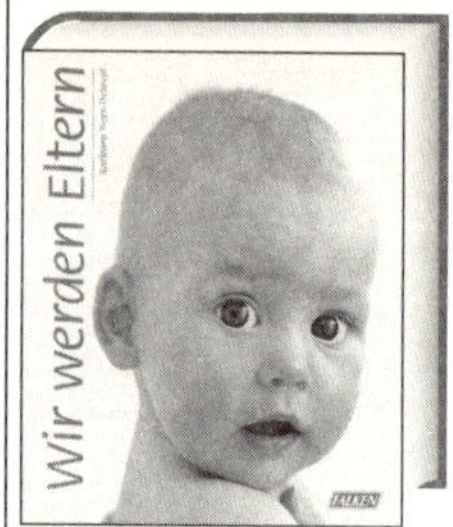

Wir werden Eltern
7353-4, von B. Nees-Delaval, 416 S., geb.
DM 39,90

Die schönsten Vornamen
4755-X, von Dr. D. Voorgang, 200 S., geb.
DM 19,90

Die Kunst des Stillens
60084-9, von Prof. Dr. med. E. Schmidt, S. Brunn, 110 S., kart.
DM 12,90

Das erste Jahr mit dem Baby
4884-X, von Dr. med. M. Weber, 144 S., geb.
DM 39,90

Wenn Kinder krank werden
7316-X, von B. Nees-Delaval, 240 S., geb.
DM 39,90

Mein Kind ist krank, so hilft die Natur
4761-4, von Dr. med. H. Wachtl, 160 S., geb.
DM 39,90

Menschen und Gesundheit

Heilpflanzen
4954-4, von A. Eckart, Dr. G. Eckert, 176 S., geb.
DM 39,90

Blütentherapie nach Dr. Bach
60019-9, von I. Wenzel, 96 S., kart.
DM 9,90

Traditionelle Chinesische Medizin
60312-0, von Dr. med. C. Kunkel, 118 S., kart.
DM 14,90

Chinesische Fünf-Elemente Ernährung
68005-2, von Dr. med. C. Kunkel, 144 S., kart.
DM 29,90

Allergien
60057-1, von G. Leibold, 100 S., kart.
DM 12,90

Neurodermitis
1649-2, von Prof. Dr. med. phil. S. Borelli, Prof. Dr. med. J. Rakoski, 136 S., kart.
DM 24,90

Schuppenflechte
1467-8, von Prof. Dr. med. phil. S. Borelli, Prof. Dr. med. R. Engst, 102 S., kart.
DM 19,90

Teebaumöl
1878-9, von S. Poth, Prof. Dr. J. Reichling, 96 S., kart.
DM 19,90

Natürlich entgiften mit der Öl-Zieh-Kur
60391-0, von I. Hammelmann, 88 S., kart.
DM 10,90

Die sagenhafte Heilkraft der Papaya
60396-1, von H. Tietze, 80 S., kart.
DM 12,90

ISBN-Bestandteil: 3-8068- / bei Buchnummern, die mit der Ziffer 6 beginnen, lautet der ISBN-Bestandteil: 3-635-

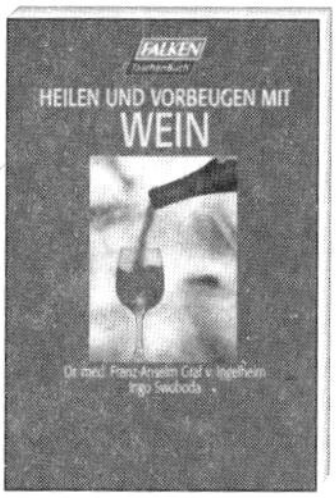

Heilen und Vorbeugen mit Wein
60311-2, von Dr. med. F.-A. Graf von Ingelheim, I. Swoboda, 96 S., kart.
DM 14,90

Grapefruitkern-Extrakt für Gesundheit und Kosmetik
60379-1, von R. Knoller, 80 S., kart.
DM 12,90

Rheuma
60040-7, von Prof. Dr. med. K. Gräfenstein, 108 S., kart.
DM 14,90

Gymnastik für die Halswirbelsäule
1610-7, von J. Engelmann, 96 S., kart.
DM 19,90

Streß bewältigen durch Entspannung
60070-9, von Dr. med. Ch. Schenk, 122 S., kart.
DM 14,90

Positives Denken und Entspannungstechniken
60305-8, von Dr. med. C. Schenk, 112 S., kart.
DM 12,90

Augentraining
1616-6, von M. Gollub, Hrsg.: K. Haak, 96 S., kart.
DM 24,90

Massage
60038-5, von K. Schutt, 78 S., kart.
DM 12,90

Akupressur
1231-4, von F. T. Lie, 192 S., kart.
DM 29,90

Fußsohlenmassage
60036-9, von G. Leibold, 96 S., kart.
DM 11,90

Yoga
60093-8, von U. Thomsen, 104 S., kart.
DM 12,90

Sport

FALKEN Lexikon für Pferdefreunde
7352-6, von G. Wöckener, 320 S., geb., mit Schutzumschlag
ersch. Mai 1998
DM 69,90

FALKEN Reihe: Ratgeber für Reiter
Ausstattung: zwischen 128 S. und 176 S., geb. oder kart.
Preis: zwischen **DM 29,90** und **DM 39,90**
4797-5 Ich will reiten lernen
4845-9 Junge Pferde selbst ausbilden
4871-8 Reiten für Einsteiger
4716-9 Reiten auf Gangpferden
4949-8 Wie verstehe ich mein Pferd?

Golf. Die frühen Jahre
7339-9, von D. Concannon, 144 S., geb., mit Schutzumschlag
DM 69,90

Der Schwung
4784-3, von O. Heuler, 128 S., geb.
DM 29,90

Fehler & Korrekturen
4872-6, von O. Heuler, 144 S., geb.
DM 39,90

FALKEN Reihe: Sportregeln
Ausstattung: zwischen 96 S. und 128 S., kart.
Preis: zwischen **DM 16,90** und **DM 24,90**
1676-X Basketball
1674-3 Pool-Billard
2135-6 Fußball
1754-5 Eishockey
1755-3 Tennis
1807-X Badminton

Tauchen
4955-2, von S. Müßig, 128 S., geb.
DM 39,90

Tennistraining mit System
4878-5, von A. Ferrauti, P. Maier, K. Weber, 192 S., geb.
DM 49,90

Billard
1313-2, von Dr. H. Stingl, 112 S., kart.
DM 29,90

Aggressive In-Line-Skating
1836-3, von U. Sauter u.a., 96 S., kart.
DM 24,90

Snowboarding
1860-6, von A. Hebbel-Seeger, 112 S., kart.
DM 29,90

Angeln
60080-6, von E. Bondick, 80 S., kart.
DM 12,90

Tanzen
4948-X, von P. Wolff, 192 S., geb.
DM 49,90

Fitness/Gymnastik

Fitness-Boxen
1671-9, von F. Kürzel, P. Wastl, 96 S., kart.
DM 24,90

Fit mit Ayurveda
60260-4, von J. Douillard, 208 S., kart.
DM 19,90

Stretching
60085-7, von E. Kleila, 64 S., kart.
DM 9,90

Muskeltraining zu Hause
60100-4, von A. Balk, 128 S., kart.
DM 14,90

Kampfsport

Aikido
2120-8, von R. Brand, 280 S., kart.
DM 24,90

Judo
0305-6, von M. Ohgo, 206 S., kart.
DM 24,90

Karate Grundlagen
1863-0, von E. Karamitsos, B. Pejcic, 144 S., kart.
DM 29,90

25 Shotokan-Katas
2125-7, von A. Pflüger, 88 S., kart.
DM 24,90

Bruce Lee – Sein Leben und Kampf
0392-7, von L. Lee, 136 S., kart.
DM 24,90

Bruce Lees Kampfstil 1
0473-7, von B. Lee, M. Uyehara, 112 S., kart.
DM 9,90

Bruce Lees Kampfstil 2
0486-9, von B. Lee, M. Uyehara, 128 S., kart.
DM 12,90

Dynamische Tritte
1683-2, von G. Chung, C. Rothrock, 128 S., kart.
DM 16,90

Taekwondo
0347-1, von K. Gil, 152 S., kart.
DM 16,90

Ninja
1161-X, von A. Adams, 192 S., kart.
DM 19,90

Heimwerken/Technik

FALKEN Reihe: Do it yourself
Ausstattung: zwischen 80 S., und 104 S., kart.
Preis: **DM 19,90**
1665-4 Reparaturen in Haus und Garten
1159-8 Betonieren, Mauern, Fliesen
1857-6 Bäder ausbauen und modernisieren

1118-0 Sanitärinstallationen
1799-5 Fliesen legen
1855-X Tapezieren und Streichen
1841-X Dachausbau
1995-5 Innenausbau mit System
1859-2 Elektroarbeiten
1716-2 Sicherheit an der Haustür

Heimwerken
4983-8, von T. Pochert, 416 S., geb.
DM 49,90

Foto/Video

Moderne Fotopraxis
7310-0, von G. Koshofer, Prof. H. Wedewardt, 240 S., geb.
DM 49,90

Zeichnen und Malen

Kreativ zeichnen
4688-X, von B. Bagnall, 176 S., geb.
DM 39,90

Aquarellmalerei
4529-8, von Prof. W. Wrisch, 136 S., geb.
DM 39,90

Kalligraphie
1044-3, von I. Schade, 80 S., kart.
DM 19,90

Airbrush
1133-4, von C. M. Mette, 80 S., kart.
DM 19,90

Seidenmalerei

Lexikon der Seidenmalerei
4737-1, von K. Huber, 208 S., geb.
DM 49,90

Aquarellieren auf Seide
4842-4, von Shahida, 112 S., geb.
DM 39,90

Einführung in die Seidenmalerei
0611-X, von R. Henge, 88 S., kart.
DM 19,90

Malen auf Seide
4941-2, von C. Köhl, Shahida, 112 S., geb.
DM 29,90

Verschiedene Techniken

Alles aus Wellpappe
1430-9, von I. Kasperek, 64 S., kart.
DM 19,90

Landhausstil
7332-1, 128 S., geb.
DM 34,90

Artischockentechnik
1682-4, von M. von Perbandt, K. Teuber, 64 S., kart.
DM 19,90

Patchwork und Quilt
4803-3, von I. Kahmann u.a., 112 S., geb.
DM 29,90

Nähen
4709-6, von S. von Rudzinski, 176 S., geb.
DM 39,90

Perfekt Stricken
4821-1, von H. Jaacks, 224 S., geb.
DM 39,90

Töpfern ohne Scheibe
0896-1, von A. Riedinger, 80 S., kart.
DM 19,90

Dekorieren und Gestalten mit Naturmaterialien
4748-7, von E. Dommershausen u.a., 128 S., geb.
DM 29,90

Stempeln
1823-1, von E. Metz, P. Läpple, 80 S., kart.
DM 19,90

Freundschaftsbänder
1720-0, von A. Neeb, E. Walch u.a., 64 S., kart.
DM 19,90

Bücher, Alben, Schachteln selbermachen
4772-X, von P. Baumgartner, 96 S., geb.
DM 29,90

Geldgeschenke und Geschenkgutscheine
1684-0, von S. Haenitsch-Weiß, 64 S., kart.
DM 19,90

Spiele/Denksport

Bridge für Einsteiger
1691-3, von B. Ludewig, 104 S., kart.
DM 16,90

Doppelkopf
1828-2, von U. Vohland, 96 S., kart.
DM 16,90

Kartenspiele
7333-X, von M. Mala, 176 S., geb.
DM 29,90

Backgammon für Einsteiger
1690-5, von M. B. Fischer, E. Heyken, 104 S., kart.
DM 16,90

ISBN-Bestandteil: 3-8068- / bei Buchnummern, die mit der Ziffer 6 beginnen, lautet der ISBN-Bestandteil: 3-63.

Patiencen
60020-2, von I. Wolter-Rosendorf, 112 S., kart.
DM 12,90

Poker
60225-6, von C. D. Grupp, 112 S., kart.
DM 12,90

Schach für Einsteiger
1724-3, von E. Heyken, 120 S., kart.
DM 19,90

Spielideen für Partys
1725-1, von E. und H. Bücken, 88 S., kart.
DM 16,90

111 Spielideen, das Gedächtnis zu trainieren
1829-0, von T. Werneck, 96 S., kart.
DM 16,90

Knobeleien und Denksportaufgaben
60099-7, von K. Rechberger, 100 S., kart.
DM 12,90

Ratgeber für Kinder

FALKEN Reihe: Ratgeber für Kinder
Ausstattung: zwischen 48 S., und 64 S., geb.
Preis: **DM 19,90**
4897-1 Mein Mutmachbuch
4898-X Mein Krankenhausbuch
4896-3 Mein erstes Pferdebuch

7337-2 Mein erstes Reitbuch
4991-9 Mein Kochbuch
4990-0 Mein Ballettbuch
4900-5 Mein Fußballbuch
4938-2 Mein Fahrradbuch
7335-6 Mein erstes Inline-Skating-Buch
4894-7 Mein Katzenbuch
4939-0 Mein Hundebuch
4993-5 Mein Hamsterbuch
7324-0 Mein Wellensittichbuch
7338-0 Mein Meerschweinchenbuch
4992-7 Wenn meine Eltern sich trennen

Kinderbeschäftigung

Das neue Bastelbuch für Kinder
4893-9, von U. Barff, I. Burkhardt, J. Maier, 208 S., geb.
DM 39,90

Basteln mit Pappe und Papier
4843-2, Hrsg.: U. Barff, 112 S., geb.
DM 29,90

Schminken und Verkleiden
4773-8, von W. Stelzenhammer, Hrsg.: U. Barff, 128 S., geb.
DM 29,90

Spielen mit einfachen Sachen
4994-3, von A.-G. Patz, D. Patz, 112 S., geb.
DM 29,90

Tanz-, Kreis- und Bewegungsspiele
7343-7, von A.-G. und D. Patz, 112 S., geb.
DM 29,90

Spiele für Kleinkinder
60022-9, von D. Kellermann, 104 S., kart.
DM 12,90

Kinderleichte Kochrezepte für kleine Leute
4850-5, von K. Müller-Urban, 128 S., geb.
DM 19,90

Garten

Die große FALKEN Gartenschule
7354-2, von J. Breschke u. a., 560 S., geb., mit Schutzumschlag
DM 79,90

FALKEN Gartenjahr
7355-0, von K. Greiner, A. Weber, P. Michaeli-Achmühle, 320 S., geb.
DM 39,90

100 englische Gärten
4885-8, von P. Taylor, 216 S., geb., mit Schutzumschlag
DM 79,–

Bauerngärten
4786-X, von U. Krüger, 128 S., geb.
DM 39,90

Naturgärten
4967-6, von J. Korz, 240 S., geb.
DM 69,90

Gartengestaltung mit Phantasie
7318-6, von K. Greiner, Dr. A. Weber, 208 S., geb., mit Schutzumschlag
DM 79,90

Blumen, Stauden, Ziergehölze
4753-3, von K. Greiner, Dr. A. Weber, 384 S., geb.
DM 69,90

FALKEN Lexikon Gartenteich
4778-9, von I. Polaschek, A. Fischer-Nagel, 216 S., geb.
DM 49,90

Grüner wohnen
4886-6, von U. Krüger, 144 S., geb., mit Schutzumschlag
DM 49,90

Tiere

Katzen auf natürliche Weise heilen
7314-3, von Dr. med. vet. C. Möller, 128 S., geb.
DM 29,90

Richtige Katzenernährung
1869-X, von H. Wenzel, 96 S., kart.
DM 16,90

Wellensittiche
1813-4 von H. Bielfeld 96 S., kart.
DM 16,90

Alles über Kanarienvögel
0901-1, von H. Schnoor, 64 S., kart.
DM 14,90

Zwergkaninchen
1680-8, von M. Mettler, 96 S., kart.
DM 16,90

Zwerg- und Goldhamster
1734-0, von M. Mettler, 96 S., kart.
DM 16,90

Meerschweinchen
1812-6, von M. Mettler, 96 S., kart.
DM 16,90

Das Süßwasseraquarium
4752-5, von Dr. med. vet. J. Etscheidt, 224 S., geb.
DM 49,90

Terrarium
7313-5, von W. Ullrich, 128 S., geb.
DM 29,90

FALKEN Reihe: Hundebibliothek
Ausstattung: zwischen 80 S. und 112 S., kartoniert
Preis: zwischen **DM 14,90** und **DM 19,90**

1757-X Dalmatiner
1756-1 Dackel
1677-8 Labrador, Retriever
1644-1 Neufundländer und Landseer
1596-8 Boxer
1513-5 Schäferhunde
1514-3 West Highland White Terrier
1808-8 Setter
1866-5 Siberian Husky
1809-6 Hovawart
1990-4 Tibet Terrier
1811-8 Foxterrier
1512-7 Streuner und Tierheimhunde
1604-2 Hundekrankheiten erkennen und behandeln
1991-2 Mit dem Hund in den Urlaub
1810-X Rechtsratgeber für Hundehalter

Das neue Hundebuch
60079-2, von W. Busak,
124 S., kart.
DM 14,90

Erfolgreiche Hundeerziehung
4808-4, von U. Birr,
144 S., geb.
DM 29,90

Reisevideo

FALKEN Reihe: Reisevideos
Ausstattung: VHS, ca. 60 Min. Laufzeit, in Farbe
Preis: **DM 39,95***

FALKEN hat Reisevideos zu über 70 Urlaubszielen in aller Welt von **A** bis **Z**

6249-4 Amsterdam

6226-5 Neuseeland

6206-0 Zypern

ISBN-Bestandteil: 3-8068- / bei Buchnummern, die mit der Ziffer 6 beginnen, lautet der ISBN-Bestandteil: 3-635-

BESTELLSCHEIN

Hiermit bestelle ich aus dem Programm der Verlagsgruppe FALKEN, Postfach 11 20, D-65521 Niedernhausen, **durch die Buchhandlung:**

Falls durch besondere Umstände Preisänderungen notwendig werden, erfolgt Auftragserledigung zu dem bei der Lieferung gültigen Preis.
(Soweit gesetzlich nicht anders vorgesehen, ist der Erfüllungsort und Gerichtsstand der jeweilige Sitz der Lieferfirma).

Anzahl	Bestell-Nr.:	Titel	Einzelpreis	Gesamtpreis
			Summe	

Name: Straße:

zzgl. Porto- und Versandkosten

Ort:

Datum: Unterschrift:
(Bei Jugendlichen der gesetzliche Vertreter)

FTB-V V F '9

Werbemittel-Nr. 99143

FALKEN
Der Spezialist für nützliche Bücher und Videos